OBSERVATIONS

SUR LE DERNIER OUVRAGE

DE MADAME

LA BARONNE DE STAËL.

OBSERVATIONS

SUR L'OUVRAGE

DE MADAME

LA BARONNE DE STAËL,

AYANT POUR TITRE :

*Considérations sur les principaux événemens
de la révolution françoise.*

PAR M. DE BONALD.

———

A PARIS,

Chez Adrien LE CLERE, Imprimeur de N. S. P. le Pape
et de l'Archevêché de Paris, quai des Augustins, n°. 35.

———

1818.

OBSERVATIONS

SUR LE DERNIER OUVRAGE

DE MADAME

LA BARONNE DE STAËL.

C'est un bien triste legs qu'a fait à la société Mme. de Staël, que l'ouvrage posthume récemment publié sous son nom, des *Considérations sur les principaux événemens de la révolution françoise.*

Nous connoissions de Mme. de Staël un Traité sur l'influence des passions, des romans, des Observations sur l'Allemagne et la littérature du Nord. Les sujets de ces ouvrages étoient dans les habitudes de son esprit, la nature de son talent, le genre de ses connoissances. Celui-ci est d'un tout autre intérêt ; l'objet en est bien plus important. Mais quoiqu'il traite de politique et de la révolution, il n'a pas un autre caractère que ses aînés. C'est encore un roman sur la politique et la société, écrit sous l'*influence* des affections domestiques et des passions politiques qui ont occupé ou agité l'auteur ; c'est encore *Delphine* et *Corinne*, qui font de la politique comme elles faisoient de l'amour ou s'exaltoient sur les chefs-d'œuvre des arts, avec leur imagination et surtout avec leurs émotions, peut-être aussi avec des inspirations ; car les femmes, circonscrites par la nature dans le cercle étroit des soins domestiques, ou, la plupart, quand elles en sortent, livrées à la dissipation, ne parlent guère de politique que par ouï-dire.

Je ne crois pas qu'il y eût en Europe un écrivain moins appelé que Mme. de Staël à *considérer* une révolution. Il y a toujours eu trop de mouvement dans son esprit, et trop d'agitation dans sa vie, pour qu'elle ait pu observer et décrire ce mouvement violent et désordonné de la société. Il faut être assis pour dessiner un objet qui fuit; et ici le peintre n'a pas plus *posé* que le modèle.

Mme. de Staël a fait, en écrivant sur la politique, la même méprise qu'avoit faite M. Necker en gouvernant. M. Necker étoit un homme d'affaires et un littérateur, et il s'est cru un homme d'Etat (1).

____

(1) Mme. de Staël raconte que, s'étant trouvée à table

Mme. de Staël, habile à saisir, à exprimer jusqu'aux nuances les plus fugitives des qualités bonnes ou mauvaises de l'esprit et du cœur de l'homme, s'est tout-à-fait trompée lorsqu'elle a voulu traiter de la constitution de la société. Si elle se fût bornée à tracer des *caractères*, elle auroit fait aussi bien que La Bruyère, quoique dans un autre genre ; et, venue plus tard, elle eût été peut-être plus loin. La nature lui avoit donné un excellent microscope, qui grossissoit, et même un peu trop, les plus petits objets ; car elle fatigue quelquefois son lecteur par l'habitude de tout et toujours généraliser. Elle s'en est servie comme d'un télescope, pour observer des objets placés trop loin de ses yeux ; et elle n'a rien vu qu'à travers un nuage. Sa doctrine politique est toute en illusions, sa doctrine religieuse en préventions ou en préjugés, et sa doctrine littéraire en paradoxes.

à côté de l'abbé Syeyes, il lui dit, en parlant de M. Necker : *C'est le seul homme qui ait jamais réuni la plus parfaite précision dans les calculs d'un grand financier à l'imagination d'un poëte.* «Cet éloge me plut, ajoute-t-elle, etc. ». Ou je me trompe, ou cet éloge est un persifflage ; et ni l'arithmétique ni la poésie ne font l'homme d'Etat, et l'abbé Syeyes le savoit bien.

Deux sentimens dominent dans l'ouvrage de Mᵐᵉ. de Staël ; sa tendresse pour son père, son admiration pour l'Angleterre. M. Necker et le peuple anglois sont les figures principales, ou plutôt les seules figures de ce tableau, dont la révolution françoise n'est que la toile et le cadre. Ces deux sentimens, dont l'un est fort respectable, sans doute, sont exprimés, et non moins l'un que l'autre, avec une exagération qui en affoiblit l'effet, en leur donnant l'accent d'une passion et les formes d'un culte. Quand M. Necker est accusé, sa fille ne cherche pas à le justifier, elle le loue ; quand il est loué, elle n'applaudit pas, elle le divinise. En Angleterre, tout est parfait. C'est le paradis de l'Europe, le flambeau du monde, et, à bien meilleur titre qu'autrefois, *l'île des saints*, le séjour des bien-heureux, où l'on contemple face à face l'ordre éternel des sociétés. Ces deux admirations d'un homme et d'un peuple tendent au même but.

Avec l'éloge de M. Necker, Mᵐᵉ. de Staël justifie le renversement de l'ancienne constitution de la France ; et, avec l'éloge du peuple anglois, l'impulsion vers les institutions angloises que donna son père. Elle satisfait ainsi à la fois ses affections domestiques et ses préventions politiques; c'est l'*alpha* et l'*omega* de son ouvrage. Du reste, elle prodigue les flatteries aux amis de cette constitution, et n'épargne pas les reproches à ceux qu'elle en suppose gratuitement les ennemis. Il n'est pas de travers d'esprit, ou de calculs faux et intéressés dont elle ne les accuse, réservant tous ses respects, toutes ses affections, toutes ses admirations, pour les *libéraux*, ces colonnes de la société, les seuls hommes fermes, constans, incorruptibles, etc. etc.

L'ouvrage, quoique posthume, est tout entier de Mme. de Staël. J'en aurois cependant douté sans la déclaration formelle de ses éditeurs, qui se sont bornés à corriger les épreuves, et à relever quelques inexactitudes de style. En vérité, ils auroient pu, sans manquer à la mémoire de Mme. de Staël, relever dans son ouvrage d'autres inexactitudes que des négligences de style, et corriger d'autres fautes que des fautes de typographie : et il paroît même que, l'ouvrage imprimé et prêt à voir le jour, ils ont redouté pour son succès auprès des bons esprits la sévère et rude épreuve de la critique.

Quoi qu'il en soit, je ne viens ni contester

les éloges, ni repousser les reproches, et j'é-
carte de cette discussion tout ce qui est personnel. J'accorde à Mme. de Staël tout ce qu'elle
voudra, hors les intérêts de la raison, de la
vérité, de la justice, de la société, sur lesquels
il importe d'éclairer le public, surtout à la
veille des délibérations qui vont s'ouvrir sur
les destinées futures de la France et de l'Europe.

Dans le peu d'occasions qu'eut l'auteur de
cet écrit de voir Mme. de Staël, elle lui a dit,
en témoignant à sa personne plus d'estime
qu'elle n'en accordoit à ses écrits, « qu'il étoit
» *le plus philosophe des écrivains, avec le moins*
» *de philosophie* ». Il fut tenté de retourner le
compliment ou le reproche; et, en prenant
comme elle les mots *philosophe* et *philosophie*
dans un double sens, de lui dire, *qu'elle étoit
très-peu philosophe avec beaucoup de philosophie*. La lecture de ses *Considérations* m'a tout-
à-fait confirmé dans cette opinion. Tous les
petits préjugés de patrie, de famille, de religion, de profession, de gouvernement, de
bel esprit, se retrouvent dans cet écrit. On
s'étonne que l'éducation littéraire, la grande
fortune, les voyages, la vie indépendante, les

habitudes du grand monde, le séjour dans les grands États et les grandes villes, l'étendue d'esprit et de connoissances de Mme. de Staël, aient si peu changé aux premières impressions de Mlle. Necker. Pas plus que J.-J. Rousseau, elle n'est point sortie de Genève, et n'a pas pu même se défaire des petites vanités républicaines. « Ah ! dit-elle, quelle enivrante jouis- » sance que celle de la popularité » ! C'étoit un goût de famille ; et il égare l'écrivain, comme il a abusé le ministre. Malheureusement Mme. de Staël a pris pour de la profondeur le sérieux naturel de son esprit, rendu plus sérieux encore par la gravité composée de l'éducation genevoise.

En général, les écrivains réformés n'ont pas mieux traité de la politique que de la religion. Leibnitz reprochoit de graves erreurs à Puffendorff, le plus ancien et le plus célèbre d'entre eux. Ceux qui sont venus plus tard ont enchéri sur lui, et Mme. de Staël sur tous les autres. C'est à cette politique que l'Europe doit la souveraineté populaire et ses inévitables conséquences. Jurieu, qui passoit même parmi les siens pour un homme emporté, avoit dit : « Le peuple est la seule autorité qui

» n'ait pas besoin d'avoir raison pour valider » ses actes ». Mme. de Staël va plus loin encore, en appuyant sa politique sur le principe même de la Réforme : « Il n'est aucune ques- » tion, dit-elle, ni morale ni politique, dans » laquelle il faille admettre ce qu'on appelle » l'autorité. La conscience des hommes est » en eux une révélation perpétuelle, et leur » raison un fait inaltérable ». Et il suit de là inévitablement que tous ceux qui ne pensent pas comme Mme. de Staël, n'ont ni conscience ni raison ; et c'est aussi la conclusion qu'elle en tire.

Je crains, en vérité, que les bons esprits ne me pardonnent pas plus de réfuter sérieusement un écrit sur la politique, qui commence par l'étrange assertion *qu'il ne faut point d'autorité*, qu'ils ne me pardonneroient de disputer avec un géomètre qui commenceroit par nier *l'étendue*. Mais cette proposition peut nous donner la clef de l'ouvrage de Mme. de Staël.

Dans les Etats de l'antiquité, il n'y avoit qu'une cause de révolutions, l'ambition du pouvoir politique. Dans les Etats modernes, et depuis le règne public de la vérité par l'établissement du christianisme, il y en a une autre, l'ambition du pouvoir religieux ; je veux dire l'orgueil des doctrines et la domination sur les esprits : cause nouvelle et bien plus active de révolutions, qui ne demande ni armées ni argent, et pour laquelle un homme n'a besoin que de lui-même ; cause bien plus générale et bien plus étendue, parce qu'il y a toujours plus d'esprits capables de séduire, que de caractères assez forts pour dominer : et Luther ou Voltaire ont asservi plus d'esprits par leurs opinions, que Bonaparte n'a subjugué de corps par ses armes. A peine née dans les écoles, cette ambition a ébranlé ou renversé les gouvernemens ; et les révolutions qui agitent l'Europe depuis quatre siècles n'ont pas un autre principe (1) ; parce que la société politique une fois imprégnée de christianisme, si j'ose ainsi parler, et devenue un être moral, n'a pu être sérieusement troublée que par des causes morales. Mais, par cette même raison, les habiles se sont aperçus de la disposition constante qui entraîne les unes

____

(1) *Calvini discipuli , ubicumque invaluere , imperia turbaverunt,* dit Grotius, qui n'est pas suspect.

vers les autres et porte à s'assimiler ensemble certaines formes de gouvernement et certaines formes de culte, comme la monarchie et le catholicisme, la démocratie et le calvinisme; et, pour dernier résultat, l'athéisme et l'anarchie; et ont prêché, sous de beaux noms, l'indifférence absolue des religions, pour conduire les esprits, las d'errer dans le vide, à la soumission la plus aveugle pour leurs opinions : et, toujours aussi avides de pouvoir politique que de domination intellectuelle, tantôt ils se sont servis de la religion pour égarer la politique, et tantôt de la politique pour troubler la religion. Nous reviendrons ailleurs sur ce sujet.

Je n'ai pas besoin de justifier mes intentions. J'écris sans haine contre les personnes, et, autant qu'il est permis de se rendre à soi-même cette justice, sans prévention pour les choses. Si une vie déjà avancée, consacrée sans distraction à l'étude de ces grandes questions; si quelque connoissance des hommes et des choses de mon temps ; si aucune préoccupation politique, autre qu'une affection pour mon Roi et pour ma patrie; si le désintéressement absolu de tout espoir d'élévation et de fortune, que j'ai refusée quand elle m'a été offerte, et qui ne se trouve plus, je le sais, sur la route que je parcours, peuvent m'être un garant que je parle de ce que je sais, et qu'aucun motif d'intérêt personnel n'a jamais guidé ma plume, je peux présenter cet écrit avec confiance à mes amis et à mes *adversaires*. Je ne retiendrai pas la vérité captive, pas plus aujourd'hui que je ne l'ai fait dans d'autres temps; je serois moins malheureux ou moins coupable de l'ignorer. Mais si, contre mon attente et mon intention, cet écrit renfermoit quelque chose de répréhensible, plein de respect et de confiance pour l'équité des magistrats, je déclare ici que je renonce formellement à défendre l'ouvrage ou l'auteur.

Je rangerai sous quelques paragraphes les observations que m'ont fournies les petits principes de l'écrit de Mme. de Staël.

<h2 style="text-align:center">§. Ier.</h2>

De la constitution françoise dans les premiers âges de la monarchie.

Mme. de Staël commence par chercher dans l'histoire des premiers temps de notre monarchie des leçons et des exemples pour les derniers. L'histoire des origines des peuples est, pour les faiseurs de systêmes, ce qu'est la palette pour un peintre. Celui-ci dispose sur sa palette les couleurs pour son tableau ; celui-là arrange dans l'histoire les faits pour ses opinions, et il y trouve tout ce qu'il veut. Robertson en a tiré son *Introduction*, et Mme. de Staël la sienne. Elles ne sont pas plus exactes l'une que l'autre ; et je ne doute pas que, dans quelques siècles, on ne retrouve à volonté, dans les constitutions de Bonaparte, le type du gouvernement absolu ou constitutionnel, quoiqu'il ne fût ni l'un ni l'autre. Mme. de Staël, et en général tous les écrivains de la même école, qui vont cherchant dans tous les siècles des oppositions ou résistances *actives* à l'autorité, et qui croient la trouver dans les grands, ne font pas attention que, dans ces temps reculés, les grands partageoient la domination en partageant le territoire, et ne partageoient pas le pouvoir ; puisque les plus puissans, et qui l'étoient quelquefois plus que les rois eux-mêmes, reconnoissoient, tout en leur faisant la guerre, la suprématie ou la suzeraineté de la couronne. Des rois étrangers, grands vassaux de la couronne, lui

faisoient hommage, et souvent assez forts pour
le disputer ; et tous cherchoient bien plus à se
soustraire à ce qu'on a appelé depuis le pouvoir exécutif, qu'à contester le pouvoir législatif, qui est proprement le pouvoir. D'ailleurs, l'obéissance, en France, a toujours été
si noble et si éclairée, de la part des grands
ou des corps, qu'elle ressemble quelquefois à
de la résistance. Joignez à cela l'acception
moderne donnée, dans le sens des opinions
nouvelles, à des expressions politiques em-
pruntées d'un latin barbare ou d'un françois
plus barbare encore, et lorsque la langue politique n'étoit pas même formée ; et vous aurez la raison de toutes ces recherches que l'on
croit savantes, et qui ne sont qu'oiseuses et
vides, sur les rapports de nos anciens rois avec
leurs peuples. Mais le nouveau, quoi qu'on
dise, est tellement suspect, qu'on veut toujours lui chercher une origine ancienne ; et
les politiques novateurs sont à cet égard comme les hérésiarques, qui vont fouillant dans les
siècles les plus reculés pour trouver quelque
ancêtre à leur doctrine. Il est certainement
étrange, qu'au mépris du dogme du *progrès
de l'esprit humain* et de la *perfectibilité indé-*

finie, on aille chercher des définitions exactes de l'ancienne constitution françoise, sous Dagobert ou Charles-le-Chauve, plutôt que sous Louis XII, Henri IV ou Louis XIV. Tout ce qu'il y a de certain, c'est que les rois n'ont jamais fait de lois sans conseil ; que, suivant le temps, le caractère des rois ou l'importnace des lois, le conseil avant la loi, ou les *doléances* ou remontrances après la loi, ont été plus ou moins solennels. Attila lui-même ne demandoit pas sans doute conseil pour donner l'ordre de brûler une ville ou de ravager une province ; mais s'il vouloit donner à son armée des réglemens de discipline intérieure, vraisemblablement il consultoit ses principaux officiers. Ainsi, dans quelque sens que l'on tourmente notre histoire, on trouvera toujours que les rois ont commandé, et que les peuples ont obéi ; et s'il en eût été autrement, il y a long-temps qu'il n'y auroit plus en France, ni dans aucun autre grand Etat d'Europe, ni rois ni peuples. Une institution n'est pas bonne, précisément parce qu'elle est ancienne ; mais elle est ancienne, ou plutôt elle est perpétuelle, (car qu'est-ce que les hommes qui vivent un jour appellent ancien ?) lorsqu'elle est bonne, ou parce qu'elle est bonne; et la royauté indépendante, que Mme. de Staël ne craint pas d'appeler *la plus informe des combinaisons politiques,* est aussi ancienne que le monde, et durera autant que lui.

§. II.

De la Révolution.

Mme. de Staël, à la première page de ses *Considérations,* regarde la révolution françoise comme un événement qui étoit inévitable. Pour moi, je crois qu'une révolution n'étoit pas plus inévitable en France qu'elle ne l'est actuellement en Autriche. Mais j'aime mieux laisser Mme. de Staël se réfuter elle-même. « Une philosophie commune, dit-elle un peu » plus loin, se plaît à croire que tout ce qui est » arrivé étoit inévitable ; mais à quoi servi- » roient donc la raison et la liberté de l'hom- » me, si sa volonté n'avoit pu prévenir ce que » sa volonté a si visiblement exécuté » ?

Il est vrai qu'une fois les trois ordres de l'Etat confondus dans une même assemblée et un seul vote, la révolution étoit inévitable, par l'excellente raison qu'elle étoit faite, et que l'ancienne constitution étoit renversée. Mme. de Staël, comme tous les écrivains de cette école, fait grand bruit des différences et des variations que l'on remarque dans le nombre respectif des députés aux États-généraux tenus dans les divers âges de notre monarchie. C'est que ce nombre étoit et devoit être tout-à-fait indifférent. Dès que la constitution, considérant les ordres de l'Etat sous des rapports moraux, et non dans leur quotité physique, faisoit de chaque ordre une *personne* délibérant à part; le troisième ordre, n'eût-il été composé que de dix membres, eût été une *personne* publique aussi bien que le clergé et la noblesse, eussent-ils compté chacun mille députés, et auroit eu autant de poids dans la délibération, et son *veto* là même force : et cela, ce me semble, est très-moral et même assez *libéral ;* et peut-être la division en ordres avoit-elle moins d'inconvéniens que la division en partis. La variation dans le nombre respectif des députés de chaque ordre, et de tous les ordres, n'étoit donc d'aucune importance, et pour cette raison n'avoit jamais été remarquée ; à quoi il est juste d'ajouter que les

Etats-

États-généraux, ayant été plus fréquemment
assemblés lorsque les Anglois occupoient nos
plus belles provinces, leur convocation n'a-
voit pu se faire intégralement.

Mme. de Staël, qui n'oublie aucune de ses
émotions, parle avec complaisance de celles
que lui causa l'ouverture des États-généraux.
Elle remarqua les figures et les costumes, l'attitude gauche des anoblis, l'attitude assurée
et imposante du tiers Etat. Ailleurs elle rappelle ce que tout le monde, même alors, avoit
oublié, l'ancien usage de présenter au Roi les
pétitions à genoux, pratiqué par le troisième
ordre. Elle auroit dû dire, pour conserver
l'exacte justice, qu'on aborde encore aujour-
d'hui le roi d'Angleterre avec des génuflexions.
Les grands se couvrent devant le roi d'Espagne,
et peut-être les *libéraux* trouveront-ils plus de
fierté dans l'usage anglois que dans la coutume
castillane. Mais ce qui est plus digne de remarque, dans ce premier jour, où Mme. de
Staël ne voyoit que présages de bonheur, et
qui pleuroit de tendresse à l'aspect de tant de
félicité promise à la France, Mme. de Mont-
morin, dont l'esprit, suivant Mme. de Staël,
n'étoit en rien distingué, lui dit, *avec un ton*

2

decidé : « Vous avez tort de vous réjouir ; il
» arrivera de ceci de grands désastres à la
» France et à nous ». Mme. de Staël y voit un
pressentiment ; ceux qui ne croient pas si volontiers au merveilleux, y verront la supériorité naturelle, en affaires politiques, du
bon sens sur l'esprit.

Mme. de Staël a donc trouvé que la révolution étoit inévitable ; ce qui d'abord justifie
M. Necker de la part qu'on l'accuse d'y avoir
eue : et la révolution étoit inévitable, parce
que le peuple françois étoit le peuple le plus
malheureux et le plus opprimé de la terre ; ce
qui justifie aussi la révolution.

Cette manière de justifier la révolution et
M. Necker, à laquelle Mme. de Staël revient
souvent, lui a été inspirée et presque commandée par une phrase des écrits de M. Necker,
qu'elle a la naïveté, peut-être imprudente,
de citer dans le sien. « Ah » ! dit M. Necker,
dans son ouvrage publié en 1791, *De l'Ad-*
ministration de M. Necker par lui-même,
» ah ! s'ils n'étoient pas malheureux (les Fran-
» çois), s'ils n'étoient pas dans l'oppression,
» *quels reproches n'aurois-je pas à me faire* » !
Cette exclamation, où il entre du doute, *si !*

et où l'on sent peut-être quelque chose de plus que des regrets, Mme. de Staël s'en empare, et pour que M. Necker n'ait point de reproches à se faire, et qu'on ne puisse pas lui en adresser, elle affirme hardiment que les François étoient le peuple le plus opprimé et le plus malheureux de tous les peuples.

Ce n'est pas pour dénigrer l'époque actuelle que je réfute cette assertion, mais uniquement pour rendre à nos rois, à la nation, la justice qui leur est due, et pour montrer que si nos rois ont été bons et humains, la nation a été heureuse et reconnoissante, jusqu'à ce qu'on soit parvenu à la précipiter dans un abîme d'infortunes et de forfaits, en la repaissant d'impostures sur ses malheurs passés, et de chimères sur son bonheur à venir.

Sait-on bien ce qu'on veut dire quand on parle du malheur et de l'oppression de tout un peuple ? Les maux physiques qui peuvent l'accabler sont la peste, la guerre ou la famine : et nous n'avons connu les deux derniers fléaux que depuis la révolution ; car les guerres, non des peuples, mais des rois entre eux, ces guerres de la monarchie qui se faisoient sur quelques points de l'extrême frontière, à force

d'art et de science, plutôt qu'à force d'hommes, et qui laissoient à peu près les choses au
même état, les provinces à leur métropole,
et aux rois les affections des peuples ; ces
guerres étoient, pour une nation, un exercice
de ses forces, et non une cause de désastres
et de ruine. Le mal moral est l'erreur ; et je
ne crois pas qu'on osât soutenir que le peuple
françois, chez qui se trouvoient les plus beaux
modèles dans tous les arts de la pensée,
fût moins éclairé et plus livré à l'erreur que
tout autre peuple de l'Europe. Oui, il étoit
malheureux et opprimé, et de l'oppression la
plus cruelle et la plus funeste, de l'oppression
des fausses doctrines et des écrits impies et
séditieux ; et certes, le gouvernement en a été
assez puni, pour qu'on doive s'abstenir de le
reprocher à sa mémoire. C'est cette oppression qui a été la véritable et unique cause
de la révolution et de tous les crimes dont
elle a épouvanté le monde. Si c'est là ce que
Mme. de Staël veux dire, je suis entièrement
de son avis ; mais elle cherche ailleurs cette
oppression, et ses raisonnemens à cet égard
ne lui ont pas coûté de grands frais de dialectique. Tout peuple est malheureux et op-

primé, selon Mme. de Staël, lorsqu'il n'est pas libre; il n'est libre que lorsqu'il est constitué à l'angloise, et il n'est vertueux que lorqu'il est libre, puisque l'oppression sous laquelle gémissoit le peuple françois a été l'unique cause des excès auxquels il s'est porté. Ainsi, le peuple françois étoit malheureux, non précisément parce qu'il n'avoit pas de constitution, car il en avoit certainement une, tout autant que les Etats d'Autriche ou d'Allemagne, qui ne passoient pas pour des peuples malheureux, mais parce qu'il n'avoit pas la constitution angloise; et c'est ce qui prouve que cette constitution est la meilleure de toutes. Il me semble que c'est finir par où il auroit fallu commencer.

Mais enfin, en quoi le peuple françois étoit-il si malheureux et si opprimé? Il payoit des impôts, il est vrai, mais il en paye encore, et même quelques provinces en payent dont elles étoient exemptes; mais tous les peuples en payent; mais, selon Montesquieu, dans les républiques, ils sont plus forts que sous les monarchies; mais les Anglois en payent plus que tous les autres peuples; et sans doute aujourd'hui que, par l'aliénation des biens publics, tout le service de l'Etat, à commencer par la

royauté et la religion, est à la charge du trésor public, nous payerons toujours des impôts. Il étoit soumis à la milice ; mais en Angleterre on presse, et violemment, les gens de
mer ; et puis, comment parler de la milice ,
losqu'on s'est cru obligé de rétablir le recrutement forcé ? Manquoit-il de tribunaux civils
pour juger ses différends , et les frais de justice ne
sont-ils pas autant ou plus considérables qu'autrefois ? Il n'avoit pas, il est vrai, le jury en
matière criminelle, oppression intolérable ,
suivant les *libéraux* : mais le jugement des
délits sur preuves légales et positives, est tout
au moins aussi philanthropique que le jugement par la seule conviction des jurés ; et si
les jurés ont quelquefois absous ceux que les
juges auroient condamnés, je peux assurer
que, dans beaucoup de circonstances, les
juges auroient absous ceux que les jurés ont
condamnés ; et certainement les élémens dont
se compose la conviction personnelle sont
plus vagues, plus arbitraires, plus incertains
que la détermination positive des preuves légales (1). D'ailleurs la société n'est opprimée,

____

(1) Il est étrange assurément que la philosophie ait

sous le rapport de la justice criminelle, que lorsque la vindicte publique est foible, lente, ou insuffisante à punir le crime; et si l'on faisoit quelque reproche à notre ancienne jurisprudence criminelle, certes, ce n'étoit pas de manquer de vigilance et de sévérité. La procédure criminelle étoit secrète : autre oppression. Mais la publicité de la procédure, ou plutôt de la plaidoirie criminelle, qui permet à un avocat de déployer toute son éloquence pour atténuer un crime, et au public d'écouter et de s'abreuver à longs traits du scandale d'une justification qui, trop souvent, trouve dans les cœurs de secrètes intelligences ; cette publicité, utile pour sauver un accusé d'une mauvaise affaire, est-elle également avantageuse à la morale publique, et ne dégrade-t-elle pas trop souvent la noble profession d'avocat ? D'ailleurs, nulle part les honnêtes gens ne se sont crus opprimés par la forme des jugemens criminels usitée dans leur pays; jamais cette crainte n'a troublé le sommeil de

commencé par contester à la société le droit de condamner à mort le malfaiteur, et qu'elle ait fini par le donner à tous les individus.

l'homme de bien ; et si les François étoient malheureux par cette cause , c'étoit assurément sans s'en douter. Portoit-on nulle part plus loin qu'en France le respect pour la propriété et pour toutes les propriétés ? chacun ne pouvoit-il pas aller et venir , même sans passe-port ; se livrer à tous les genres d'industrie, et dormir en paix à *l'ombre de sa vigne et de son figuier?* —— Mais tous les citoyens n'étoient pas admissibles à tous les emplois. —— Être admissible, c'est quelque chose ; mais c'est être admis qui est tout ; et , pas plus aujourd'hui qu'alors, tous les citoyens ne sont admis à tous les emplois. D'ailleurs , nous discuterons plus tard cette question ; et nous ferons voir qu'il y avoit, même sous ce rapport, plus de véritable *liberté et égalité* politique en France qu'il n'y en a dans aucun État de l'Europe, sans en excepter l'Angleterre. —— Mais la dîme et les droits féodaux. —— Ils existent en Angleterre , et Mme. de Staël n'a garde de le remarquer. Je n'en donnerai pas les raisons politiques, qu'on comprend à merveille dans ce pays-là , et qu'on ne comprend plus dans le nôtre ; mais pour ne donner que des raisons tirées des lois civiles, que nos *libéraux* entendent un peu mieux, je leur dirai que si la dîme et les droits féodaux étoient un mal pour l'agriculture, ils n'étoient pas une injustice et une oppression pour les propriétaires, qui tous, en France, depuis Charlemagne, avoient acquis leurs propriétés foncières, déduction faite du capital de la dîme et des droits féodaux. C'est ainsi que le possesseur d'une maison soumise à une servitude ne sauroit se plaindre si cette servitude lui a été déclarée par le vendeur, et tenue à compte sur le prix (1). Je parlerai ailleurs des priviléges pécuniaires.

Lorsqu'une plus longue expérience aura permis d'en faire la comparaison, on aura un moyen infaillible de juger, entre les diverses formes de gouvernemens, celle qui procure le plus de bonheur. Y aura-t-il moins d'enfans abandonnés, moins de crimes, moins de pro-

---

(1) Je ne sais si le peuple françois est devenu plus avare en devenant plus riche ; mais il consomme moins de blé, qui payoit la dîme, et plus de pommes de terre, qui ne la payoient pas ; et un politique peut le voir, avec quelque peine, faire sa nourriture usuelle d'alimens qui, quoi qu'on dise, ôteront, à la longue, à sa vigueur corporelle, à son activité, à sa longévité.

cès? Les maisons de détention ou les lieux de déportation seront-ils moins peuplés? Y aura-t-il plus de respect pour la religion, plus de fidélité au pouvoir, plus de déférence envers les pères et mères, plus de bonne foi dans le commerce, d'indépendance et d'intégrité dans l'administration de la justice, etc. etc. ? C'est à ces traits qu'on reconnoîtra les progrès d'un peuple vers le bonheur et la véritable liberté; car un peuple vertueux est toujours heureux et libre, et il n'est même heureux et libre que par ses vertus. Nous pourrions même aujourd'hui comparer sous ce rapport la France d'autrefois et l'Angleterre, et si l'on vouloit consentir au parallèle, la question seroit bientôt décidée; en attendant, il est remarquable combien ce qui a toujours été regardé chez un peuple comme un signe de contentement et de bonheur, étoit trompeur et équivoque dans l'une et l'autre nation. La bienheureuse constitution de l'Angleterre avoit fait des Anglois un peuple morose, grondeur, mécontent, égoïste, même selon Mme. de Staël. Les lois oppressives de la France avoient fait des François un peuple aimable, aimant, gai, communicatif, et même beaucoup plus dans le midi de la France, plus soumis aux lois féodales que le nord. Le malheureux François soupiroit toujours après sa patrie, et n'appeloit pas vivre, vivre éloigné d'elle; l'heureux Anglois, et généralement les peuples du nord, sont dans un continuel état d'émigration. C'étoit dans la France opprimée et malheureuse que les Anglois, même les plus riches, venoient chercher le plaisir comme la santé, et jouir de la salubrité de son climat, de la surveillance de sa police, de la protection de ses lois. Mme. de Staël elle-même n'a-t-elle pas toute sa vie préféré le séjour de la France à celui de son heureuse et libérale patrie, même à celui de l'Angleterre? Pourquoi ces regrets si vifs lorsqu'elle a été exilée, et encore, exilée dans son propre pays, sur ses terres, avec toute sa fortune, et au milieu de sa famille; et quel agrément pouvoit trouver son ame sensible et bienfaisante, au milieu d'un peuple si opprimé, et au spectacle de malheurs qu'elle ne pouvoit soulager? Avec un peu plus de connoissance des hommes et des choses, et surtout un peu moins de préventions, elle auroit su que s'il y avoit, sous les lois et les mœurs du paganisme, des peuples malheureux et opprimés par les excès de la guerre ou les abus des conquêtes, par la corruption et le désordre des administrations, par l'instabilité des gouvernemens, et les cruelles extravagances de la religion; sous l'empire du christianisme, qui a mis tant d'onction et de charité dans les relations des hommes, donné aux gouvernemens tant de solidité, et adouci jusqu'à la guerre, il ne peut y avoir que des familles malheureuses, et trop souvent par leur faute; que l'usure, l'ivrognerie, la débauche, les querelles, les procès, la paresse, font plus de malheureux que les gouvernemens n'en pourroient faire et n'en peuvent soulager; et que la seule époque de son histoire où le peuple françois ait été malheureux et opprimé, c'est lorsque la révolution, dont on veut aujourd'hui soutenir la nécessité, excuser les désordres et perpétuer les principes, a fait renaître au milieu de nous tous les excès, toutes les tyrannies, toutes les extravagances, toutes les corruptions des pays idolâtres. Avec plus de connoissance des hommes et des choses, et surtout de l'ancienne administration, dont elle n'a aucune idée, et avec moins de préventions, Mme. de Staël auroit su qu'un pays où il est si doux de vivre, même pour les étrangers, où le commerce avec ses

semblables est si agréable , et la disposition générale si bienveillante, n'est pas malheureux,
que l'oppression, qui n'est que l'action des classes supérieures sur les inférieures, donneroit
aux premières un caractère de dureté , et aux
autres une impression de mécontentement et
d'aigreur, incompatibles avec les qualités qui
rendent les hommes sociables et d'un commerce doux et facile. Et si je voulois emprunter
le style de l'auteur que je combats, je dirois
que tout ce qu'on trouvoit en France d'agrémens, de douceur, de bienveillance, de socia-
bilité, en un mot, étoit comme un parfum
qui s'exhaloit du bonheur général.

On veut que le malheur et l'oppression qui
pesoient sur le peuple françois aient amené
la révolution ; et l'on ne sait pas tout ce qu'il
en a coûté de violences, d'impostures, d'intrigues et d'argent pour pousser le peuple à des
innovations ou à des désordres qui répugnoient
à ses habitudes, à ses affections, à ses vertus.
Mme. de Staël peut l'ignorer, elle qui n'a vécu
qu'avec ceux qui poussoient aux changemens,
et qui n'a vu, et encore de ses fenêtres, que
la populace de la capitale, c'est-à-dire, ce qu'il
y a dans une nation de plus ignorant, de plus

corrompu et de plus turbulent; mais ceux qui connoissent l'esprit et les mœurs des provinces, ceux surtout qui, comme l'auteur de cet écrit, étoient à cette époque à la tête de leur administration, peuvent attester que le peuple, surtout celui des campagnes, a long – temps opposé à la révolution la seule force que le gouvernement permît d'employer, la force d'inertie, et qu'il en auroit coûté au gouvernement infiniment moins d'efforts pour empêcher la révolution, qu'il n'en a fallu aux révolutionnaires pour la faire. Et la Vendée, qui lui a opposé une résistance si héroïque et si active, étoit-elle plus heureuse que les autres parties du royaume? payoit-elle moins que les autres la dîme et les droits féodaux? et n'étoit-elle pas même la plus féodale de nos provinces? Et l'Espagne, qui, selon nos libéraux, gémissoit sous l'oppression la plus cruelle de toutes celles qui peuvent peser sur un peuple, sous l'oppression de l'inquisition et du gouvernement le plus absolu de l'Europe, l'Espagne, assez malheureuse pour n'avoir ni le jury ni la liberté de la presse, pourquoi s'est-elle refusée au bienfait de la révolution; et, étrangers pour étrangers, pourquoi a-t-elle préféré les étrangers qui venoient combattre la révolution, aux étrangers qui venoient lui en faire présent ?

Mme. de Staël attribue à l'oppression sous laquelle gémissoit le peuple françois, tous les excès et tous les crimes dont il s'est souillé. Les erreurs ou les crimes de l'assemblée constituante ont précédé et commandé les erreurs et les crimes du peuple; et quand Mme. de Staël remarque qu'aucun autre peuple ne s'est livré aux mêmes excès, elle oublie ou elle dissimule qu'à Genève même, chez ce peuple si libéral et si heureux, et sous ce gouvernement si constitutionnel, la populace massacra, quand elle y fit sa révolution à l'imitation de la nôtre, un assez grand nombre de ses principaux et des plus respectables citoyens.

Mme. de Staël, élevée dans l'opulence et la pourpre du ministère, livrée à tout ce que le grand monde a de plus séduisant pour une femme d'esprit, est beaucoup trop disposée à ne voir que le côté brillant des hommes et des choses, à ne placer le bonheur que dans l'éclat, la vie que dans l'agitation, la raison que dans les succès du bel esprit. Toute sa philosophie l'abandonne lorsqu'elle se laisse aller à cette impulsion. « Jamais, dit-elle, la société

» n'a été aussi brillante et aussi sérieuse tout
» ensemble que pendant les trois ou quatre
» premières années de la révolution, depuis
» 1788 jusqu'à la fin de 1791 ». Hélas ! tout
cet éclat qu'avoient précédé et que devoient
suivre des jours si tristes et si nébuleux, res-
sembloit à ces vifs rayons du soleil qui brillent
entre deux orages ; et si l'on se rappelle tout ce
qui s'étoit passé dans ce même intervalle de
temps , on conçoit que la société dut être *sérieuse* , mais on a peine à s'expliquer comment
Mme. de Staël pouvoit la trouver si *brillante.*
Elle nous l'explique elle - même. « C'est que
» dans aucun pays ni dans aucun temps, *l'art*
» *de parler sous toutes les formes* n'a été aussi
» remarquable que dans les premières années
» de la révolution ».

C'est donc *l'art de parler sous toutes les
formes,* que Mme. de Staël admire ; et, beaucoup
trop sensible aux succès prestigieux d'un art
dans lequel elle a excellé , elle ne voit de constitution et de gouvernement que dans la tribune aux harangues ; et elle oublie que si l'on
maîtrisoit des peuples enfans , des peuples qui
n'avoient que des passions, avec des paroles et
un vain bruit de sons artistement arrangés, on

ne

ne gouverne des sociétés avancées, des sociétés chrétiennes et raisonnables, des peuples *faits*, en un mot, qu'avec des pensées qui ne viennent pas à l'esprit aussi vite que des paroles à la mémoire, et qu'à la tribune, ou même dans un cercle, on n'improvise jamais que des mots.

L'orateur le plus brillant et le plus funeste de l'assemblée constituante, Mirabeau, trouve, ou peu s'en faut, grâce aux yeux de Mme. de Staël ; elle lui sacrifie tous les autres orateurs, et trace son portrait de complaisance. Ce n'est que par un retour sur elle-même, et après le premier mouvement de son esprit, qu'elle se reproche d'exprimer des regrets pour *un caractère si peu digne d'estime*, qui n'eut de talent que pour égarer, et de force que pour *travailler*, comme il le disoit lui-même, *à une vaste destruction :* mauvais fils, mauvais époux, amant déloyal, citoyen factieux, dominé par l'amour de l'argent plus encore que du pouvoir, et qui ne fut pas même fidèle au parti qu'il avoit formé. Mme. de Staël déplore comme un malheur de ne pouvoir plus, dans le cours de sa vie, rien voir de pareil à cet homme si éloquent et si animé, parce qu'elle prend pour de l'éloquence , *l'art de parler sous toutes les formes*, et la fièvre brûlante des passions pour l'énergie de l'ame et l'activité du génie. Qu'elle ne le regrette pas ; ces météores ne se montrent que dans les tempêtes, et il nous en a coûté un peu trop cher de donner ce spectacle aux étrangers.

§. III.

La France avoit-elle une constitution ?

C'est après quatorze siècles d'existence, après trente ans de révolution, après avoir essayé de dix constitutions différentes ; c'est après que dans.cent écrits solides et bien raisonnés on a démontré que la France avoit une constitution, que Mme. de Staël vient demander encore si la France avoit une constitution, et se décide pour la négative.

C'est toujours la même manière de raisonner. « Le peuple François étoit malheureux » parce qu'il n'avoit pas une constitution ; et » il n'avoit pas de constitution, parce qu'il n'a- » voit pas la constitution angloise ».

Mme. de Staël n'a pas prévu à quoi elle s'exposoit ; car en mettant en doute, dans le chapitre VIII, partie VI de son ouvrage, *si les*

Anglois ne perdront pas un jour leur liberté? elle court le risque, si jamais ils tomboient en révolution, qu'on dise d'eux, comme elle dit de nous, qu'ils n'avoient pas de constitution.

Au fond, cette question est absurde. La constitution d'un peuple est le mode de son existence ; et demander si un peuple qui a vécu quatorze siècles, un peuple qui existe, a une constitution ; c'est demander, quand il existe, s'il a ce qu'il faut pour exister ; c'est demander si un homme qui vit, âgé de quatre-vingts ans, est constitué pour vivre.

La royauté en France étoit constituée, et si bien constituée que le *roi même ne mouroit pas.* Elle étoit masculine, héréditaire par ordre de primogéniture, indépendante ; et c'étoit à cette constitution si forte de la royauté que la France avoit dû sa force de résistance et sa force d'expansion.

La nation étoit constituée, et si bien constituée qu'elle n'a jamais demandé à aucune nation voisine la garantie de sa constitution. Elle étoit constituée en trois ordres, formant chacun une *personne* indépendante, quel que fût le nombre de ses membres, et représentant tout ce qu'il y a à représenter dans une nation, et ce qui seul forme une nation, la religion, l'État et la famille.

La religion étoit constituée, et si bien constituée qu'elle a résisté, qu'elle résiste, qu'elle résistera à toutes les attaques ; que le clergé de France a tenu le premier rang dans l'Europe chrétienne, par ses docteurs et ses orateurs, et que le Roi lui-même avoit mérité le titre de Roi très-chrétien.

La justice étoit constituée, et si bien constituée que la constitution de la magistrature de France étoit, de l'aveu de tous les politiques, ce qu'il y a jamais eu dans ce genre de plus parfait au monde. Dans tout pays il y a des juges ou des jugeurs ; il n'y avoit de magistrats qu'en France, parce que c'étoit seulement en France qu'ils avoient le devoir politique de conseil.

La limite au pouvoir indépendant du Roi étoit constituée, et si bien constituée qu'on ne citeroit pas une loi nécessaire (je ne parle pas des lois fiscales, qui ne méritent pas le nom de lois), pas une loi nécessaire qui ait été rejetée, ni une loi fausse qui se soit affermie. Le droit de remontrance dans les tribunaux suprêmes étoit une institution admirable, et peut-être la source de tout ce qu'il y avoit d'élevé dans le caractère françois, et de noble dans l'obéissance : c'étoit la justice du Roi qui remontroit à sa force ; et quel autre conseil, quel autre modérateur peut avoir la force, que la justice ?

La religion, la royauté, la justice, étoient indépendantes, chacune dans la sphère de leur activité, et indépendantes comme propriétaires de leurs biens ou de leurs offices. Aussi la nation étoit-elle indépendante et la plus indépendante des nations.

La France avoit donc une constitution ; car ce n'est pas le commerce, ce ne sont pas les académies, ce ne sont pas les arts, ce n'est pas l'administration, ce n'est pas même l'armée, qui constituent un Etat, mais la royauté, la religion et la justice.

Aussi, parce que la France avoit une constitution, et une forte constitution, elle s'étoit agrandie de règne en règne, même sous les plus foibles ; toujours enviée, jamais entamée ; souvent troublée, jamais abattue ; sortant victorieuse des revers les plus inouis et par les moyens les plus inespérés, et ne pouvant périr que par un défaut de foi à sa fortune.

Certes, celui qui n'a cessé de louer l'ancienne constitution françoise sous les constitutions de l'empire, aura bien le droit d'en parler sous le Roi de France; et s'il avoit besoin de justification, la voilà.

Après ce qu'on vient de lire, je ne peux que renvoyer le lecteur au chapitre XI du tome Ier. de l'ouvrage de Mme. de Staël. J'aurois, je crois, trop d'avantage, si je voulois en discuter en détail toutes les assertions. On y verroit que Mme. de Staël prend toujours l'accident pour la substance, je veux dire, des disputes d'administration pour des vides dans la constitution; et on s'étonneroit même qu'elle connoisse si peu et si mal notre ancienne administration. Une constitution complète n'est pas celle qui termine à l'avance toutes les difficultés que les passions des hommes et les chances des événemens peuvent faire naître, mais celle qui renferme le moyen de les terminer quand elles se présentent; comme les bons tempéramens ne sont pas ceux qui empêchent ou préviennent toutes les maladies, mais ceux qui donnent au corps la force d'y résister, et d'en réparer promptement les ravages. Sans doute on s'est souvent disputé en France; mais

on s'est beaucoup plus souvent battu en Angleterre ; et sans la dispute, qui aiguise les esprits et développe la vérité, que deviendroit
l'art de parler sous toutes les formes, si cher
à Mme. de Staël?

Je répondrai à ceux qui veulent dans les
choses morales la précision de mouvement,
de mesure, d'étendue, de force ou de résistance qui ne se trouve que dans les corps ou
les choses matérielles, c'est-à-dire, qui veulent l'impossible ; « que c'est une grande er-
» reur de vouloir tracer des lignes précises de
» démarcation entre le pouvoir et l'obéis-
» sance, et poser à l'avance, dans la consti-
» tution des sociétés, des limites fixes au pou-
» voir du chef, à la coopération de ses agens,
» aux devoirs des sujets. Si les limites sont
» marquées, chacun, en temps de guerre, se
» porte à son extrême frontière. Les partis
» sont en présence, le combat s'engage, et,
» au lieu de disputer pour déterminer les li-
» mites, chacun s'efforce de les reculer. S'il
» reste un nuage sur ces questions délicates,
» on passe à côté les uns des autres sans se
» rencontrer ; on va quelquefois, de part et
» d'autre, un peu trop loin ; mais, après quel-

» ques excursions, chacun rentre sur son ter-
» rain . . . . . Dieu lui-même a voulu nous lais-
» ser ignorer comment il influe sur notre li-
» berté et triomphe de notre résistance ; et l'on
» a bien plus disputé sur le pouvoir de Dieu et
» sur le libre-arbitre de l'homme , que sur le
» pouvoir des rois et la liberté politique ; ce
» qui n'empêche pas que Dieu ne soit tout-
» puissant, et que nous ne soyons tout-à-fait
» libres (1).

§. IV.

De la noblesse , en France et en Angleterre.

C'est sur la noblesse que Mme. de Staël a montré à la fois le moins de connoissances de l'institution , et le plus de préventions et d'injustice envers les personnes.

Quoiqu'elle se plaigne , dans un endroit de son ouvrage , qu'on veuille faire de la métaphysique sur la constitution , il faut cependant qu'elle permette qu'on fasse de la politique avec de la raison , comme elle en fait avec des affections et des émotions.

____

(1) *Pensées* du même auteur.

Dans la monarchie indépendante, où le pouvoir législatif est tout entier et sans partage entre les mains du Roi, la fonction et la raison de la noblesse ne peut être que d'exercer, sous les ordres du Roi, les fonctions publiques.

Ainsi, la noblesse, en France, étoit un corps de familles dévouées héréditairement au service de l'Etat, dans les deux seules professions qui soient publiques ou politiques, la justice et la force.

Cette destination étoit actuelle pour la famille, éventuelle pour les individus; elle étoit moins une obligation imposée à tous les membres, qu'une disponibilité générale de la famille.

Ce qui prouve, avec la dernière évidence, que la noblesse, en France, et dans tout Etat naturellement constitué, est proprement l'action du pouvoir, est qu'elle a suivi dans tous les âges les phases successives du pouvoir : dans les premiers temps, viagère ou temporaire; dans les derniers, héréditaire; et de là sont venues les disputes sur l'état ou même l'existence de la noblesse en France, que quelques écrivains ne trouvent pas dans le premier âge de la monarchie, parce qu'ils ne la trouvent pas constituée comme dans le dernier.

Comme la noblesse étoit consacrée, corps et biens, au service public, elle ne pouvoit vaquer à aucun négoce ou service particulier. Des lois modernes lui avoient, il est vrai, permis le commerce en gros; mais les mœurs anciennes, plus sages, le lui avoit interdit avec juste raison, parce que le commerce, même le plus étendu, est un service de particuliers comme le commerce de détail : et le négociant qui fait venir des flottes entières chargées de sucre et de café, sert les particuliers comme le marchand qui est à ma porte.

Le même motif de disponibilité perpétuelle pour le service public, ne permettoit pas au noble de contracter des engagemens sous la contrainte par corps; et l'impossibilité où étoit la noblesse de réparer ou d'agrandir sa fortune par aucune profession lucrative, avoit fait fort sagement établir la substitution des biens si imprudemment abolie, et à laquelle on est revenu sous un autre nom.

Comme la noblesse, alors, peu *appointée* dans le service militaire, et point du tout dans

le service judiciaire ; servoit l'Etat, en temps
de paix, avec le revenu de son bien, et en
temps de guerre, avec le *capital*, comme le
dit Montesquieu, et qu'elle ne pouvoit réparer
ses pertes que par des accidens, comme des
mariages ou de hautes dignités, elle avoit
conservé quelques franchises d'imposition fon-
cière, dont jouissoient, avant l'établissement
de la taille, tous les propriétaires. Montesquieu avoit dit, sans en donner la bonne raison, en parlant de la noblesse : « Les terres
» doivent avoir des priviléges comme les per-
» sonnes ». Cette franchise avoit été extrêmement réduite dans les derniers temps, surtout
dans les provinces du midi, où elle étoit at-
tachée, non à la personne, mais à certains
fonds. Ces fonds francs avoient été soumis à
deux *vingtièmes nobles*, et je peux assurer
par expérience que l'imposition actuelle n'est
pas beaucoup plus forte. Dans ces mêmes provinces, cette franchise diminuoit continuelle-
ment, parce que ces fonds étoient soumis à
la contribution ordinaire, lorsqu'ils sortoient,
par vente, échange ou inféodation, des mains
de la noblesse, ce qui auroit peu à peu fait entièrement disparoître la franchise. La noblesse

avoit, d'ailleurs, aux États-généraux, offert l'abandon de ses priviléges pécuniaires; et c'est bien injustement que Mme. de Staël élève des doutes sur la sincérité de son offre et de celle du clergé, de payer une partie du fameux *déficit*. Elle sait, mieux que personne, qu'on ne les auroit pas acceptées quand ils auroient offert de le combler tout entier. On vouloit dépouiller et détruire, et non payer les dettes.

La noblesse, par la nature même de son institution, diminuoit plus rapidement que les autres familles; elle s'étoit réduite à peu près de moitié depuis Louis XIII; et, au commencement de la révolution, il ne restoit guère plus de quinze mille familles (1), nombre évidemment inférieur, et sans proportion avec le reste de la nation; cause évidente de révolution, c'est-à-dire, de conversion de la monarchie en démocratie (une révolution n'est pas autre chose), parce que le pouvoir monarchique manquoit de son action nécessaire et constitutionnelle.

----

(1) Le dénombrement de la noblesse, en Espagne, de 1788, porte le nombre des nobles à 478,716. *Itinéraire de La Borde.*

La noblesse étoit donc une milice politique, dont le Roi, en qualité de chef suprême de la justice et de la force, étoit le chef; et comme le général d'une armée a sur ses subalternes une autorité de juridiction qu'il n'a pas sur les autres citoyens, le Roi avoit sur les nobles une juridiction qu'il n'avoit pas sur les autres sujets. Ceux-ci, il devoit, dans tous les cas, les déférer aux tribunaux; tandis qu'il pouvoit punir par les arrêts ou l'exil de la Cour le noble, pour des fautes qui ne tomboient pas sous l'action des lois criminelles. Ainsi, je crois que tous les citoyens, en France, avoient droit de se plaindre des lettres de cachet, excepté les nobles. Terrasson dit avec raison : « La » subordination est plus marquée dans les pre- » miers rangs que dans les derniers ».

Deux moyens se présentoient pour recruter la noblesse ; l'un ordinaire, par la volonté des familles privées; l'autre extraordinaire, par le choix du souverain.

Mme. de Staël, qui préfère en tout l'extraordinaire, ne veut que le choix du Roi, et rejette avec un mépris peu philosophique ce qu'on appelle en France l'anoblissement.

Le choix du souverain d'un certain nombre

sur toute une nation, et surtout sur une nation riche et lettrée, comme moyen unique et régulier de recruter l'institution de la noblesse, est fâcheux pour le chef de l'État, qu'il entoure d'intrigues, expose à des erreurs, à des injustices, et au mécontentement de tous ceux qui se croient des droits à cette faveur. Sans doute le souverain doit élever ceux qui se recommandent par de grands services, et que la voix publique lui désigne; mais ces grands hommes ne paroissent guère que dans les grandes guerres et les grands troubles, et on peut assurer que la société les paye toujours fort cher. Ce moyen de recrutement est donc insuffisant pour les temps ordinaires; et la constitution françoise, sans exclure ce choix spontané du souverain, qui n'est trop souvent que le choix fait par ceux qui l'entourent, avoit fort sagement établi un mode usuel (qu'on me permette l'expression), et régulier d'avancement; et c'est ici, j'ose le dire, la partie la plus morale, la plus politique de nos lois, et je dirois la mieux raisonnée, parce qu'elle avoit été établie par la raison de la société, et non par le raisonnement de l'homme.

La tendance naturelle de tous les hommes et

de toutes les familles , principe de toute émula-
tion et de toute industrie , est de s'élever, c'est-
à-dire de sortir de son état pour passer à un état
qui paroît meilleur , et de changer un *métier* qui
occupe le corps, contre une *profession* qui exerce
l'intelligence. Dans le langage des passions, s'élever signifie acquérir des richesses et des moyens
de dominer les autres. S'élever, dans la langue
morale de la politique , signifioit *servir* , servir
le public dans les professions publiques de
la justice et de la force, et cette sublime acception du mot *servir*, devenue usuelle dans
toutes les langues de l'Europe chrétienne, vient
de ce passage de l'Évangile : « Que celui qui
» veut être au-dessus des autres ne soit que
» leur serviteur ». Ainsi la constitution disoit
à toutes les familles privées : « Quand vous
» aurez rempli votre destination dans la so-
» ciété domestique, qui est d'acquérir l'in-
» dépendance de la propriété par un travail
» légitime et par l'ordre et l'économie ; quand
» vous en aurez acquis assez pour n'avoir plus
» besoin des autres, et pour pouvoir *servir* l'État
» à vos frais et avec votre revenu, et, s'il le faut,
» de votre capital, le plus grand honneur au-
» quel vous puissiez prétendre sera de passer

» dans l'ordre qui est spécialement dévoué au
» service de l'État; et dès-lors vous deviendrez
» capable de toutes les fonctions publiques ».

Ainsi, une famille qui avoit fait une fortune
suffisante, achetoit une charge, ordinairement
de judicature, quelquefois d'administration,
et elle préludoit ainsi, par les professions les
plus graves et les plus sérieuses, à la carrière
publique. Une fois admise dans un ordre dont
le désintéressement faisoit l'essence, puisque
toute profession lucrative et dépendante lui
étoit interdite, elle en prenoit les mœurs à la
première génération, les manières à la seconde;
ces manières, auxquelles Mme. de Staël attache
trop de prix, et qu'elle ne trouve pas en France
assez populaires, mais qui, indifférentes aux
yeux du philosophe, sont le résultat nécessaire, et comme l'expression extérieure de la
profession.

Cette famille étoit noble, et autant que les familles les plus anciennes. L'anobli le plus récent
siégeoit dans les convocations générales de la noblesse, à côté du duc et pair, et s'y montroit plus
noble s'il s'y montroit plus fidèle (1). Il étoit

---

(1) Je crois que les États-généraux de 1789 sont les
dès-

dès-lors admissible à tous les emplois ; et il n'étoit pas rare de voir, dans la même famille anoblie, l'aîné des enfans conseiller en cour souveraine, le second évêque, et le dernier dans les emplois militaires supérieurs.

Peut-on, je le demande, parler sans cesse d'égalité, et s'élever contre l'anoblissement, qui tendoit à élever également et successivement toutes les familles, et à leur donner à toutes, à volonté, une destination aussi honorable pour elles, qu'utile à l'État ?

La constitution n'admettoit donc qu'un ordre de noblesse. L'opinion accordoit aux familles plus anciennement dévouées, et qu'on pouvoit regarder comme les vieillards de la société publique, la considération qu'elle accorde, dans la société domestique, aux vieillards d'âge. Jusque-là rien de plus raisonnable, et même de plus naturel. La Cour avoit été plus

---

premiers où des anoblis aient siégé dans l'ordre de la noblesse. Ce progrès est extrêmement remarquable, c: annonçoit que les idées de *conquête*, auxquelles Mme. de Staël rattache l'institution de la noblesse, avoient fait place aux idées de *service*. Tels étoient les changemens apportés par le temps à notre constitution.

4

loin ; elle avoit distingué un peu trop différens degrés dans le même ordre, *gens de qualité*, *gens présentés*, distinction récente qui tendoit à créer une aristocratie inconstitutionnelle sans fonctions spéciales. Il est vrai cependant qu'il étoit convenable que la famille royale, comme la plus ancienne de la société, fût particulièrement entourée des plus anciennes familles. Mais il falloit laisser cette distinction aux usages et aux mœurs, et ne pas l'établir par des lois positives ou des réglemens. Tout ce qu'on accordoit à la vanité des individus, on l'ôtoit à l'unité, et par conséquent à la force de l'institution. Les grands seigneurs vouloient faire un ordre dans un ordre ; les familles cadettes, humiliées par leurs aînées, s'en dédommageoient sur les plus jeunes, qui le rendoient à d'autres : tout cela pouvoit être corrigé sans révolution, et je crois même que quelques *cahiers* de la noblesse en avoient fait l'observation.

La famille anoblie, et souvent un peu trop tôt, et avant qu'elle eût fait une fortune assez indépendante, renonçoit, comme les anciennes, à toute profession lucrative. Je ne sais si cela est très-libéral, mais c'étoit très-

philosophique, très-moral, et surtout très-poli-
tique. Rien de plus moral assurément qu'une
institution qui, sans contrainte, et par les
motifs les plus honorables, offre un exemple,
on peut dire légal et public, de désintéressement, à des hommes dévorés de la soif de l'argent, et au milieu de sociétés où cette passion
est une cause féconde d'injustices et de forfaits.
Rien de plus politique que d'arrêter, par un
moyen aussi puissant que volontaire, par le
motif de l'honneur, l'accroissement immo-
déré des richesses dans les mêmes mains. C'est
précisément sous ce point de vue que Mme. de
Staël, imbue de la politique de Genève, blâme
l'anoblissement. C'est une inconséquence dont
il nous étoit réservé de donner l'exemple, que
de voir les mêmes hommes qui appellent à
grands cris le morcellement indéfini de la propriété territoriale, favoriser de tout leur pouvoir l'accumulation indéfinie de la propriété
mobiliaire ou des capitaux. L'accumulation
des terres a un terme ; celle des richesses mobiliaires n'en a pas, et le même négociant
peut faire le commerce des quatre parties du
monde. Mais le luxe arrive à la suite des richesses ; et le négociant enrichi, peu pressé

de vendre, met à haut prix ses denrées, et force le consommateur à payer le luxe de *madame* et les plaisirs de *monsieur*. C'est là une des causes du renchérissement des denrées en Angleterre, en Hollande, même en France, et partout où le commerce n'a d'autre but que le commerce, et où les millions appellent et produisent les millions. Les grandes richesses territoriales font incliner un État à l'aristocratie, mais les grandes richesses mobiliaires le conduisent à la démocratie ; et les gens à argent, devenus les maîtres de l'État, achètent le pouvoir fort bon marché de ceux à qui ils vendent fort cher le sucre et le café. La Hollande avoit les plus riches négocians du monde ; il n'y avoit dans les petits Cantons suisses que des pâtres et des capucins. Quel est des deux peuples celui qui a le mieux défendu son indépendance, et le plus honoré ses derniers momens ? Voilà la question telle qu'elle doit être soumise au jugement de la politique.

Mᵐᵉ. de Staël, qui lit déjà son nom dans l'histoire, et dont la famille a passé de plein vol du comptoir au ministère de l'Etat, traite avec un grand mépris l'anoblissement, et ne veut que des familles historiques. Mais Catilina est historique comme Cicéron, et Mirabeau comme M. Necker. On connoit de grands noms qui ne voudroient pas être tout-à-fait si historiques, Mme. de Staël le dit elle-même; et ce sont des hommes vertueux, et non des hommes célèbres, qui font la force et le salut des empires.

Mme. de Staël, qui ne voit les choses qu'en grand, n'entend, par histoires, que les histoires générales. Mais chaque province a son histoire; et si ces histoires locales ne rapportent pas, comme celles de Mézerai ou de Daniel, des actions éclatantes, et quelquefois d'éclatans forfaits, elles peuvent rappeler des vertus et des bienfaits; et en défendant la cause de la noblesse de province, qui a le malheur ou le bonheur de n'être pas historique comme l'entend Mme. de Staël, et qu'elle traite aussi mal que les anoblis, je me crois plus véritablement philosophe que ce célèbre écrivain.

La noblesse de province, moins élégante dans les manières, moins habile dans *l'art de parler sous toutes les formes*, que la noblesse de cour, a-t-elle été, aux États-généraux qui ont précédé la révolution (car c'est là seulement qu'elle faisoit corps), moins fidèle et moin dévouée ? Les anoblis ont-ils, dans cette lutte à jamais célèbre, moins que les anciens nobles, gardé le dépôt des principes monarchiques ? Je laisse à l'histoire contemporaine cette question à décider. Mais si les uns ont été aussi fidèles que les autres, ils ont été plus malheureux, et la révolution et ses terribles décrets ont beaucoup plus pesé sur ceux qui avoient moins à perdre, et moins de moyens de réparer.

Dans tout ce que j'ai dit sur la noblesse, considérée comme institution et corps politique, on ne m'opposera pas, sans doute, les vices ou les crimes de quelques individus. C'est ainsi qu'il seroit souverainement injuste d'opposer, aux avantages incontestables de l'utile profession du commerce, l'exemple des négocians qui font banqueroute.

Mme. de Staël reduit à peu près à deux cents les familles historiques, qui ne seront recrutées, sans doute, que par de grands talens, de grands services, de grands génies, de grands hommes en un mot; et comme il n'en paroît guère, et même qu'il n'en faut que dans de grands dangers et de grands besoins, il nous faudra toujours de grands événemens pour avoir des grands hommes; et nous ne devons plus compter sur des jours tranquilles.

Comme on ne peut pas avec deux cents familles, même historiques, faire une institution militaire ou judiciaire, c'est-à-dire, une institution *servante,* pour un Etat de vingt cinq millions d'hommes, Mme.de Staël en fait une institution législative. Ne pouvant en faire des nobles, elle en fait des rois, même héréditaires, c'est-à-dire qu'elle en fait un patriciat; magistrature qui doit être héréditaire, selon l'auteur que je combats, mais qui ne doit pas être de *race;* ce qui me paroît difficile à concilier; car si elle n'est pas de race pour ceux qui la commencent, elle ne peut pas ne pas être de race pour ceux qui la continuent par hérédité de succession.

Ceci nous ramène à la constitution de l'Angleterre, où il n'y a pas de corps de noblesse destinée à *servir* le pouvoir, mais un patriciat destiné à l'exercer. Au reste, cette institution se retrouve dans toutes les républiques. J-.J. Rousseau remarque très-bien que le patriciat bourgeois de Genève ne diffère pas du patriciat noble de Venise; il ne diffère même pas essentiellement de la démocratie, et l'aristocratie n'est

elle-même qu'une démocratie plus resserrée ,
et la démocratie une aristocratie plus étendue.

Je n'examine pas cette institution comme
institution politique, et relativement à la force.
et à la stabilité de l'Etat ; mais sous le rapport
de la liberté et de l'égalité, sous lequel Mme. de
Staël la considère , et la préfère aux anciennes
institutions de la monarchie françoise.

Il faut avant tout observer une différence
essentielle et caractéristique entre toutes les
républiques et la monarchie françoise. Les républiques, et particulièrement celle d'Angleterre, ne comptent que des individus (1) ; la
monarchie françoise ne voyoit que des familles;
et il en résultoit, là, plus de mouvement ou
d'agitation, ici, plus de repos et de stabilité. La
république romaine , seule entre toutes les républiques, considéroit aussi la famille dans ses
institutions politiques, et c'est ce qui lui a
donné une si longue durée et une si grande
supériorité sur tous les autres peuples.

---

(1) La constitution angloise reconnoît si peu la famille, que l'homme y fait toujours, à son élévation,
e sacrifice de son nom patronymique ; ce qui jette une
grande confusion dans l'histoire d'Angleterre.

Comme la liberté physique consiste, pour un individu, à pouvoir aller et venir où bon lui semble, la liberté domestique consiste, pour une famille, à pouvoir exercer tous les genres d'industrie légitime qui conviennent à ses goûts, à ses habitudes, à sa fortune, à sa liberté politique ; à pouvoir d'elle-même et par ses propres forces suivre la tendance naturelle de toutes les familles, et à passer des occupations domestiques au service de la société, ou à s'élever.

Or, en France, il suffisoit qu'une famille eût fait une fortune suffisante par des voies légitimes, pour qu'elle pût d'elle-même, et sans intrigue ni faveur, acheter une charge qui la faisoit passer dans l'ordre politique, c'est-à-dire que la finance qu'elle donnoit étoit pour l'Etat une caution de sa fortune et de son indépendance.

En Angleterre, l'individu, même en s'élevant, ne sort jamais de l'état privé ; et le pair, qui fait des lois pendant trois mois, peut vendre du drap le reste de l'année. Ses enfans puînés ou ses frères peuvent exercer des professions mécaniques ou lucratives ; et même au désavantage des familles ordinaires, pour qui une

si haute concurrence n'est pas sans inconvéniens.

Ainsi, en France, une famille qui s'anoblissoit, anoblissoit tous ses membres, et le père
travailloit pour tous ses enfans. Il en résultoit
plus d'esprit de famille, et un concert plus una-
nime d'efforts et de travaux. En Angleterre,
l'aîné seul passe dans l'ordre politique ; les autres restent dans l'Etat privé : aussi Mme. de
Staël remarque, « que les liens domestiques,
» si intimes dans le mariage, le sont très-peu
» en Angleterre, sous d'autres rapports ; par-
» ce que les intérêts des frères cadets sont
» trop séparés de ceux de leurs aînés ». Le
chapitre vi du livre VI est curieux à lire. On
y trouve le correctif de tout ce que Mme. de
Staël a dit à la louange des Anglois et de l'Angleterre.

Là, toute élévation, même à la plus haute
dignité, à la pairie, n'est jamais qu'une faveur
du souverain roi ou du souverain peuple ; car,
pour être membre de la chambre des communes, il faut faire au peuple, ou même à la populace, une cour assidue ; et si l'on n'a pas oublié tout ce qui s'est passé à Londres aux
dernières élections, on pourroit à plus juste

titre appliquer à ce roi capricieux et bizarre,
ce que Racine dit des autres rois :

Quiconque ne sait pas dévorer un affront,
Loin de l'aspect des rois qu'il s'écarte, qu'il fuie;
Il est des contre-temps qu'il faut qu'un sage essuie.

Il me semble qu'il y avoit donc plus de cette liberté en France, de cette liberté politique qui consiste pour une famille à pouvoir s'élever par ses propres forces et sa propre industrie.

Y a-t-il plus d'égalité en Angleterre ? par la loi, beaucoup moins. Car la nation est divisée en deux classes, une qui a le privilége, même héréditaire ou temporaire, de faire la loi, l'autre qui la reçoit ; et il y a, politiquement parlant, l'infini entre ces deux conditions. Il est vrai que les mœurs corrigent un peu les inégalités de la loi. La dignité se fait populaire et même populacière, et permet à la servitude d'être familière et même insolente ; ce qui n'empêche pas que la dignité ne reprenne ses droits dans les habitudes de la vie privée, par une rigoureuse étiquette, qui met entre les hommes et les femmes de tel ou tel rang des distinctions que jamais nous n'aurions supportées en France.

En France, il y avoit donc, dans l'Etat comme dans la famille, comme en tout ce qui a vie dans la nature, des aînés, des cadets, de plus jeunes qui grandissent, et à leur tour deviennent des aînés. En Angleterre, il n'y a politiquement que des grands et des petits qui ne grandissent pas d'eux-mêmes et ne peuvent sortir de leur état que par une faveur spéciale, et il n'y a réellement de distinction qu'entre les fortunes, inégales comme les rangs politiques ; car s'il y a des millionnaires, le dixième de l'Angleterre est à l'aumône du bureau de charité. Aussi la pauvreté, même la médiocrité, y sont plus honteuses qu'en France ; et peut-être ne faudroit-il pas remonter jusqu'aux maximes d'Epictète, pour trouver que la distinction de l'argent n'est pas la plus morale de toutes celles qui peuvent exister entre les hommes, et qu'il y avoit une bien haute philosophie dans cette disposition qui faisoit qu'en France, une famille pauvre, et fière de sa pauvreté, ne l'auroit pas troquée contre l'opulence d'une place dans les *fermes* ou les recettes générales.

En France, tout étoit classé, et même, à cause des corporations mécaniques, tout avoit son poids spécifique. Le troisième ordre avoit sa voix et son *veto* comme les deux premiers, et la corporation des tailleurs auroit été admise à l'audience du souverain, comme une députation de pays d'Etats.

Je ne blâme pas les institutions angloises, mais je les compare à nos anciennes institutions, pour venger celles-ci des reproches amers et injustes que leur fait Mme. de Staël. Elle n'a jamais vu le mouvement et la vie que dans l'agitation ; et il faut convenir que les institutions de l'Angleterre l'ont toujours préservée de la monotonie et de l'uniformité du repos.

On diroit, à lire Mme. de Staël, qu'il falloit, en France, être noble de seize quartiers pour parvenir à quelque chose. « La constitu- » tion du royaume de France, dit un auteur » cité avec éloge par le président Hénault, » est si excellente, qu'elle permettra toujours » aux citoyens nés dans le plus bas étage de » s'élever aux plus hautes dignités ». Ainsi, en France, toute famille pouvoit, par sa propre industrie, s'élever jusqu'à la noblesse, séminaire de toutes les fonctions ; et aucun individu n'étoit exclus de s'élever, par son propre mérite, aux plus hauts emplois ; et la différence qui existoit à cet égard entre la France et l'Angleterre, et qui existe partout entre la monarchie et la démocratie, étoit qu'en France, la famille, une fois élevée, ne pouvoit perdre ce caractère que par jugement, et qu'en Angleterre l'élévation de l'individu n'est, devant la loi, d'aucun effet sur sa famille; je dis devant la loi, car elle est si imparfaite et si peu naturelle, que les mœurs sont obligées de la corriger; et sans doute qu'il y a, en Angleterre comme ailleurs, des familles distinguées par les emplois qu'elles ont exercés.

Ainsi, en France, soit que la famille anoblit les individus, soit que l'individu anoblît la famille; l'épée, l'église, surtout la magistrature, qui, en corps, appartenoit au troisième ordre, ont vu dans tous les âges des exemples de ces élévations extraordinaires; et s'ils ne sont pas plus fréquens, c'est que les talens extraordinaires sont encore plus rares que les exemples ; c'est que toute société qui est dans sa nature n'a des hommes extraordinaires qu'au besoin, mais aussi les produit toujours lorsqu'elle en a besoin, et la fortune d'un homme de génie, dans le genre de son talent, n'étoit bornée, en France, que par ces obstacles qui aiguillonnent le génie, loin de le retarder, et qu'il est toujours sûr de vaincre. Ouvrez la porte bien large, et la foule passera. Or, c'est la médiocrité qui fait foule ; et d'hommes médiocres pour occuper des places, il y en a toujours assez, et ils trouvent toujours trop de facilité à s'élever. Je vais plus loin, et je défie qu'on cite un seul homme de génie, en France, dans quelque condition qu'il soit né, qui ne se soit pas élevé ; car, comment sauroit-on qu'il étoit propre à tel ou tel emploi, s'il ne l'avoit pas exercé ? Dira-t-on que Montesquieu auroit dû être chancelier de France ; mais il étoit président à mortier, ce qui étoit alors une dignité éminente ; et puis, ce grand écrivain, cet habile publiciste, cet ingénieux observateur, étoit, comme juge, un homme très-médiocre, et il entendoit beaucoup mieux la théorie des lois que leur application. Domat, bien supérieur à Montesquieu dans la partie qu'il a traitée, étoit avocat du Roi ; et dans un temps où la magistrature étoit si honorée et les désirs si modérés, il étoit content de son sort, et son ambition étoit satisfaite. On peut en dire autant du plus grand nombre des hommes de mérite en province, qui n'auroient pas quitté leurs emplois, leurs familles, leur pays, leur fortune, pour aller courir à Paris la carrière des honneurs ; et c'est cette disposition, bonne en elle-même et heureuse, mais portée quelquefois trop loin, qui avoit donné insensiblement, à la capitale, le privilége exclusif de tous les emplois de l'administration.

On ne manquera pas de remarquer que la révolution a fait éclore un grand nombre de talens enfouis, et qui jamais sans elle n'auroient vu le jour. Peut-être n'en eussions-nous pas été plus malheureux. Eux mêmes ont plus d'une fois regretté leur obscurité ; et j'avoue qu'il m'en coûte de m'extasier, comme Mme de Staël, sur les grands talens des Girondins. Les fortunes les plus brillantes ont été des fortunes militaires, et encore faut-il remarquer, avec Mme de Staël, que *les talens militaires ne sont pas toujours la preuve d'un esprit supérieur.* Mais je soutiens qu'à toute époque de notre histoire, une guerre aussi longue, aussi meurtrière que celle que la révolution a faite à toute l'Europe, auroit présenté, à cause de la constitution même de l'état militaire, les mêmes exemples d'éléva-

tions

tions subites. Si, dans un vaisseau de guerre, il ne restoit, après le combat, que dix matelots, le plus ancien prendroit le commandement; et, dans la guerre de trente ans, le plus grand nombre des généraux allemands étoient sortis des derniers rangs de l'armée. D'ailleurs, l'état militaire est peut être le plus naturel à l'homme. Voltaire l'a dit, et c'est aussi celui, dans tous les empires, qui a fourni le plus d'exemples de fortunes inattendues. On ne voit que l'ambition qui nous a tous saisis depuis que la révolution nous a tous déplacés, et nous nous plaignons pour nos pères qui ne se plaignoient pas. Il y avoit autrefois peu d'ambition, et peut-être pas assez. La plupart des militaires n'aspiroient qu'à obtenir la croix de Saint-Louis, et à se retirer chez eux pour faire place à d'autres. D'ambition pour les places civiles, il n'y en avoit qu'à Paris. Aujourd'hui, cette ambition des places civiles est partout; et l'ambition militaire, la plus excusable de toutes, parce qu'elle expose à plus de sacrifices et de dangers, l'ambition militaire s'éteint, et plus qu'on ne pense, par la secrète influence de l'esprit républicain. Car, dans quelques républiques, l'État est obligé de confier sa

défense à des étrangers ; dans quelques autres, il n'y a que des milices temporaires ; dans
toutes, l'administration civile, plus tranquille
et mieux payée, l'emporte sur la profession
militaire. C'est au gouvernement à prévoir les
effets ultérieurs que cette disposition, devenue
trop générale, auroit sur les destinées d'un
État puissant, et entouré de voisins chez qui
d'autres institutions conserveroient un autre
esprit.

En général, dans les plaintes qui s'élèvent
contre tous les gouvernemens accusés de ne
pas chercher et récompenser le mérite, on
ne dit pas : « Le gouvernement est injuste,
» parce que tel ou tel ne sont pas placés ; mais
» chacun dit, à part soi : parce que je ne
» suis pas placé » ; et cependant les hommes
qui disposent des emplois ne peuvent faire de
la dose des amours propres la règle de leurs
devoirs, pas même la mesure de leurs faveurs.

§. V.

Du pouvoir absolu ; du pouvoir arbitraire ; du pouvoir divin ; de l'obéissance passive.

Mme. de Staël a étrangement confondu toutes ces idées ; et je m'étonne qu'avec autant d'esprit qu'elle en avoit, elle ait pu écrire quelque chose d'aussi superficiel et d'aussi foible sur des questions si importantes, si décisives, et même si bien décidées.

Le pouvoir absolu est un pouvoir indépendant des hommes sur lesquels il s'exerce ; le pouvoir arbitraire est un pouvoir indépendant des lois en vertu desquelles il s'exerce.

Tout pouvoir est nécessairement indépendant des sujets qui sont soumis à son action ; car, s'il étoit dépendant des sujets, l'ordre des êtres seroit renversé, les sujets seroient le pouvoir, et le pouvoir le sujet. Pouvoir et dépendance s'excluent mutuellement, comme rond et carré.

Ainsi le pouvoir du père est indépendant des enfans, le pouvoir du maître indépendant des serviteurs, le pouvoir de Dieu est indépendant des hommes.

Mais le pouvoir s'exerce en vertu de certaines lois qui constituent le mode de son existence, et déterminent sa nature ; et quand il manque à ses propres lois, il attente à sa propre existence, il se *dénature*, et tombe dans l'arbitraire. Le pouvoir de Dieu lui-même n'en est pas indépendant. « Il n'y a pas de pou-
» voir, dit Montesquieu, si absolu qu'il soit,
» qui ne soit borné par quelque endroit. Dieu
» ne peut changer l'essence des êtres sans les
» détruire ; il ne peut rien contre sa propre
» nature ».

Ainsi le pouvoir du père de famille est indépendant de ses enfans ou de ses serviteurs ; mais s'il les maltraite, lui dont la première loi est de les protéger ; s'il est injuste à leur égard, il devient arbitraire, et tombe sous l'action des lois publiques, conservatrices des lois domestiques, et elles lui ôtent le pouvoir dont il abuse ; et remarquez que ce ne sont ni ses enfans ni ses serviteurs qui lui ôtent le pouvoir, mais une autorité supérieure. Ainsi le pouvoir public est indépendant des sujets ; mais s'il les opprime, lui dont le devoir est de les défendre de l'oppression, il est coupable aux yeux de Dieu, juge suprême des rois, et qui les punit par les propres passions qu'ils ont déchaînées. C'est ici que croit triompher une philosophie superbe, qui veut que les rois soient justiciables des sujets; mais l'oppression, poussée au point où nous l'avons vue, étoit impossible à un roi, même à un tyran; et elle n'a été possible en France que par le peuple lui-même, représenté par ses députés qui donnoient l'argent, et ses sénateurs qui donnoient les hommes. Si l'on suppose, non une oppression sans mesure et sans exemple, comme celle que le peuple françois a fait peser sur l'Europe, mais des abus de pouvoir comme il peut en échapper aux gouvernemens les mieux ordonnés, ils ne pourroient être redressés par la force populaire, sans produire des maux plus grands que ceux auxquels on veut remédier. Encore faut-il observer que le remède se trouve toujours à côté du mal, et que la nature de ces sociétés, contrariée par un effort trop violent, tend d'elle-même à se rétablir. C'est ainsi qu'un homme d'un tempérament robuste a bientôt, par un régime tempérant, réparé ses forces altérées par des excès. Je n'ai parlé que de l'oppression politique; il peut y avoir une oppression religieuse, lorsque le souverain laisse ébranler la morale ou la religion dans ses États, et opprimer ainsi la génération présente et les générations à venir, cause funeste de calamités, oppression bientôt et toujours sévèrement punie, plutôt et plus sévèrement en France que partout ailleurs.

Mais déclarer le peuple souverain, dans la crainte hypothétique qu'il ne soit opprimé comme sujet, sans prévoir quel pouvoir on pourra opposer à celui du peuple, ou plutôt avec la certitude de n'en avoir aucun à lui opposer, si, à son tour, il devient oppresseur; présupposer l'oppression pour justifier la résistance; ériger le désordre en loi, pour prévenir la violation de l'ordre; c'est imiter un insensé qui bâtiroit sa maison au milieu d'un torrent, pour avoir l'eau plus à portée en cas d'incendie. « Ce que vous voulez faire, foible à » vous opprimer, dit Bossuet, avec une rai- » son si profonde, devient impuissant à vous » protéger ».

Je le répète, le pouvoir absolu est un pouvoir indépendant des sujets; le pouvoir arbitraire, un pouvoir indépendant des lois : et lorsque vous érigez le peuple en pouvoir, vous ne lui donnez pas un pouvoir absolu, puisqu'il est dépendant de tous les ambitieux, et le jouet de tous les intrigans; vous lui conférez nécessairement un pouvoir arbitraire, c'est-à-dire un pouvoir indépendant de toutes les lois, même de celles qu'il se donne à lui-même. Car « un peuple, s'il en faut croire » J.-J. Rousseau, a toujours le droit de changer » ses lois, même les meilleures; car s'il veut » se faire du mal à lui-même, qui est-ce qui » a le droit de l'en empêcher » ?

Et remarquez qu'il faut toujours quelque chose d'absolu dans un État, sous peine de ne pouvoir gouverner. Quand l'absolu est dans la constitution, l'administration peut être sans danger modérée et même foible : mais quand la constitution est foible, il faut que l'administration soit très-forte ; elle visera même à l'arbitraire, et les idées les plus libérales dans les agens du pouvoir n'empêcheront pas cet effet inévitable.

Quand le pouvoir est constitué dans une entière indépendance des hommes, il est dans ses lois naturelles, il est dans sa nature, dans la nature de la société; il est divin : car Dieu est l'auteur de toutes les lois naturelles des États. Ainsi le pouvoir d'un père sur ses enfans, d'un maître sur ses domestiques, est aussi un pouvoir divin, parce qu'il est fondé sur la nature, et qu'ils sont l'un et l'autre un pouvoir légitime et naturel. Ainsi, dans ce sens, tout ce qui est légitime est divin, puisque la légitimité n'est que la conformité aux lois dont Dieu est l'auteur. *Per me reges regnant, et legum conditores justa decernunt,* dit-il lui-même, dans des livres dont Mme. de Staël ne conteste pas l'autorité. Le mot *justa* s'applique ici à la légitimité des lois, car toutes les lois ne sont pas des lois légitimes. Il y a un état *légal* de société qui est l'ouvrage de l'homme, et un état *légitime*, qui est la volonté de Dieu, comme étant l'expression de l'ordre éternel, et la conséquence des lois primitives et fondamentales de la société humaine.

Ainsi la dissolubilité du lien domestique est un état *légal* chez les peuples qui en ont fait une loi, même facultative ; et son indissolubilité est l'état légitime, l'état primitif, et dont le suprême législateur dit lui-même, *qu'il étoit ainsi au commencement.* Ainsi autre chose est la légitimité d'une famille régnante par droit de succession héréditaire ; autre chose est la légitimité du gouvernement. La famille des

Ottomans est aussi légitimement régnante qu'aucune autre maison souveraine ; et le gouvernement turc est un état simplement *légal,* parce qu'il est établi sur des lois fausses et imparfaites , et qu'il n'a rien de ce qu'il faut pour remplir la fin de la société , qui est de conduire les hommes à la perfection des lois et des mœurs.

Mme. de Staël a singulièrement brouillé toutes ces idées ; et elle parle de la doctrine du pouvoir divin, comme si ceux qui la professent croyoient que la Divinité avoit, par une révélation spéciale, désigné telle ou telle famille pour gouverner un Etat, ou que l'Etat lui appartînt, comme un troupeau appartient à son maître. Il est facile d'avoir raison contre ses adversaires, lorsqu'on leur prête gratuitement des absurdités. D'après ce principe, elle leur attribue , comme une conséquence nécessaire, la doctrine de l'obéissance *passive.* Cependant elle sait mieux que nous que la question de l'obéissance *passive* n'a été élevée que dans sa chère Angleterre ; et tout au plus pourroit-on apercevoir en France quelque disposition à la soutenir, depuis que nos institutions politiques se rapprochent de celles de l'Angleterre. C'est donc en Angleterre qu'on a soutenu la doctrine de l'obéissance *passive* au souverain ; et d'un extrême on est allé à l'autre, puisqu'on a fini par la résistance la plus *active* à son pouvoir, et par détrôner le Roi et la maison régnante. En France, au contraire, par cela seul que nous soutenions, dans le sens que je l'ai expliqué, le pouvoir divin, nous croyions lui devoir une obéissance *active ;* et nous nous faisions encore un devoir de la résistance *passive,* lorsque, devenu pouvoir humain, il nous commandoit quelque chose de contraire aux lois fondamentales politiques ou religieuses qui constituent la société. Les rois eux-mêmes avoient plus d'une fois prescrit cette résistance à leurs volontés injustes et contraires à la constitution de l'Etat. La France a toujours donné des exemples de cette obéissance *active* et de cette résistance *passive,* qui se composent, l'une et l'autre, d'affection et de respect ; obéissance *active* qui, pour le bien, ne connoît aucun obstacle ; résistance *passive,* insurmontable même à la tyrannie, et qui ne peut être vaincue que lorsqu'elle se compromet jusqu'à devenir *active ;* car alors le peuple joue contre le Roi au jeu périlleux de la guerre, et peut perdre la partie. S'il y a une monarchie indépendante, il peut y avoir une monarchie dépendante ; et c'est cette forme de gouvernement, que je ne discute pas ici, pour laquelle Mme. de Staël montre une prédilection tout-à-fait exclusive. Le pouvoir peut y être dépendant dans les deux fonctions qui le constituent ; et dans sa fonction législative ou sa *volonté*, s'il a besoin, pour faire la loi, d'autres volontés que la sienne ; et dans sa fonction exécutive ou son *action*, si les moyens de cette action, c'est-à-dire, les hommes et l'argent, doivent être demandés, et ne peuvent être exigés ; et dans son existence même, s'il est pensionné et non pas propriétaire.

Ces deux espèces de monarchies, indépendante et dépendante, me paroissent différer l'une de l'autre par trois caractères, auxquels on peut rapporter les divers et nombreux accidens de toutes les deux. 1°. Dans la monarchie indépendante, le Roi fait les lois, par conseil, doléances ou remontrances. Dans la monarchie dépendante, il fait la loi, ou plutôt la loi est faite par opposition et par débats entre pouvoirs égaux. Le Roi plaide ou fait plaider en faveur de sa loi, comme un particulier dans sa cause devant des juges. Ainsi, la limite au pouvoir, dans la monarchie indépendante, est dans le droit de conseil, plus ou moins étendu suivant les temps et les hommes, qui agit par raison, mais qui laisse au pouvoir toute son indépendance. Et la limite au pouvoir, dans la monarchie dépendante, est dans une opposition aussi forte que lui – même, qui agit par nombre de voix, et qui le constitue par conséquent dans un état de dépendance.

Si je voulois parler à l'imagination, je dirois que l'obstacle au premier est un corps mou qui absorbe sa force en lui cédant, et que l'obstacle au second est un corps dur qui la repousse en lui résistant, et l'un ou l'autre peuvent se briser dans le choc.

2°. Le second caractère qui distingue ces deux espèces de monarchie, est que dans la monarchie dépendante il existe un moyen légal d'arrêter tout à coup l'action du pouvoir, et par conséquent le mouvement et la vie dans le corps social, moyen qui n'existe pas dans la monarchie indépendante ; je veux parler du refus des subsides. Car quoique j'aie soutenu et que je pense encore qu'on ne doit jamais refuser les subsides au souverain, c'est dans

les principes et les habitudes d'un autre sys-
tème de gouvernement que j'ai puisé cette opinion ; et il est impossible de soutenir, en thèse
générale, que ceux qui ont le droit d'accorder
l'impôt n'ont pas le droit de le refuser. On ne
pourroit défendre cette cause que par une ar-
gumentation si subtile qu'elle ressembleroit à
des sophismes. Sans ce droit de refus, l'octroi
du subside, librement consenti, qui est un
dogme de cette forme de gouvernement, ne
seroit qu'une fiction ; et la liberté publique,
qu'on fait consister dans ce libre consentement, ne seroit qu'une illusion. Aussi tous les
troubles qui ont agité ces gouvernemens ont
commencé par un refus de subsides ; et l'assemblée nationale elle-même fit de leur sus-
pension et octroi *provisoire*, le premier acte
de son nouveau pouvoir, et comme son instal-
lation dans la révolution. J.-J. Rousseau a dit,
en parlant de la succession élective du pouvoir
en Pologne, « que cette nation tomboit en pa-
» ralysie cinq à six fois par siècle ». Il me
semble que l'Etat d'une monarchie dépendante est encore plus critique, et que, par un
refus de subsides, elle court le risque, tous les
ans, de tomber en apoplexie.

3°. Enfin, si dans une monarchie presque abîmée, dit J-.J. Rousseau, il se lève un de ces hommes nés pour gouverner les Etats, il trouve des ressources inespérées, et cela fait époque, parce que le mal que peut faire un mauvais roi est borné et passager ; mais dans tout gouvernement collectif le mal est sans remède, parce qu'une assemblée n'étant renouvelée que par parties, le désordre qui s'est introduit y trouve toujours des fauteurs et des complices, et ne peut cesser que par un plus grand désordre, le désordre d'une révolution. « Une représentation imparfaite, dit très-bien » Mme. de Staël, n'est qu'un instrument de plus » pour la tyrannie ».

§. VI.

De l'Angleterre.

Mme. de Staël ne met aucune restriction à l'éloge qu'elle fait de l'Angleterre et des Anglois. C'est, à la lettre, la terre promise, le peuple élu, le peuple de Dieu ; le plus avancé, le plus libre, le plus ingénieux, le plus moral, le plus religieux, le plus chaste des peuples ; le seul qui ait le sentiment de sa dignité et de la dignité de l'espèce humaine ; et comme Mme. de Staël sait très-bien que le caractère d'un peuple, ses vertus et ses vices, ses bonnes qualités et ses défauts, sont le produit de ses institutions politiques et religieuses, elle fait le peuple anglois un peuple parfait, pour en conclure la perfection de ses lois ; comme elle a rejeté sur l'ancienne constitution de la France, et l'état d'oppression où elle tenoit le peuple françois, tous les crimes dont il s'est souillé pendant la révolution ; et que des esprits moins profonds avoient cru jusqu'ici le produit inévitable du renversement de cette constitution et de la dissolution de tous les freins.

Mme. de Staël ne croit pas, sans doute, qu'aucun de ses lecteurs ait voyagé en Angleterre, ni rien lu de ce qui a été écrit sur les Anglois, leurs mœurs, leurs lois, leur police, et par les Anglois eux-mêmes, qui ne peignent pas tout-à-fait l'Angleterre sous de si riantes couleurs.

Au reste, je ne connois rien qui puisse affoiblir les préventions de leurs admirateurs, parce que ces préventions ont des motifs politiques et calculés ; et je suis persuadé que,

aux dernières élections, ils ont admiré la modération du peuple de Westminster et d'ailleurs, qui, maître de tout tuer, s'est contenté
de maltraiter quelques personnes et de dévas-
ter quelques maisons. Tout ce que des obser-
vateurs, sans doute peu attentifs, avoient cru
apercevoir et osé remarquer d'imparfait dans
les lois ou les mœurs de l'Angleterre, sont
autant de perfections qu'on n'avoit pas senties:
et si, par exemple, les catholiques d'Irlande
ont jusqu'ici vainement imploré leur émanci-
pation, Mme. de Staël, si zélée pour la tolé-
rance des cultes, et qui, sans doute, ne par-
donne pas à la France la légère restriction
qu'elle y a mise en faveur de la religion de
l'Etat, nous dit naïvement que l'Angleterre
ne sait trop comment accorder cette éman-
cipation avec sa constitution ; ce qui prouveroit, en passant, que cette constitution
n'est pas aussi libérale que Mme. de Staël
le dit.

A Dieu ne plaise que je m'élève contre les
éloges que Mme. de Staël fait des Anglois. Il y
a partout des bons et des méchans, des vertus
et des vices ; et tant qu'ils sont renfermés dans
l'intérieur des familles, et qu'ils ne font ni
édification

édification ni scandale, il y a plus, sans doute, de vertus et de vices qu'il n'est permis d'en connoître. Ce n'est que lorsqu'ils viennent à la connoissance de la société, qu'on peut juger de l'influence des institutions sur les mœurs générales, et les comparer chez les divers peuples. Or, il est prouvé qu'en Angleterre il se commettoit, dans le même espace de temps, vingt fois plus de crimes capitaux qu'il ne s'en commettoit autrefois en France et dans tout autre Etat de l'Europe. On n'ose presque plus y punir de mort, de peur d'effaroucher les mœurs publiques par la fréquence des exécutions; et, pour dissimuler le nombre des coupables, on en a formé, aux extrémités du monde, une colonie dont le rapide accroissement est déjà un sujet d'embarras pour le gouvernement anglois, et deviendra un objet d'inquiétude pour ses voisins. Il y a aussi en Angleterre, malgré la richesse nationale, plus de misère individuelle que partout ailleurs; et M. *Morton Eden*, dans son *Traité de la mendicité*, et M. *Malthus*, dans son *Essai sur le principe de population*, entrent à cet égard dans des détails qui paroissent à peine croyables. Je sais qu'une philosophie libérale traitera cette considération de superficielle, et qu'elle m'opposera la perfection des arts, la circulation, le crédit, etc. etc. Mais je ne conçois pas, je l'avoue, la richesse publique comme une chose abstraite et sans application à une très-grande partie des individus. J'aimerois mieux, dans un Etat, moins de millionnaires, et moins de gens à la charge de la paroisse ; et le devoir d'un gouvernement est de perfectionner l'état des hommes au moral et au physique, plutôt que de perfectionner les machines ; il y a eu aussi dans ces derniers temps, et au milieu de la plus profonde paix intérieure, plus de désordres populaires en Angleterre que dans aucun pays du monde, sans en excepter la France, où le désordre a été légal et fait d'autorité supérieure ; et il m'est impossible de concilier avec l'idée que je me fais d'un gouvernement bien ordonné, et d'une constitution modèle de toutes les autres, et les assemblées de *Spathfields*, et les brisemens de métiers, et les pillages ou les incendies de maisons. Nos *libéraux* trouveront que ce sont là les fruits, un peu verts, peut-être, de la liberté ; mais je leur demanderai s'il jouit aussi pleinement de cette liberté si précieuse, le citoyen paisible dont on a dévasté l'habitation et ruiné l'industrie.

Mme. de Staël ne met qu'une restriction à son admiration pour le gouvernement anglois. Elle trouve sa politique extérieure un peu moins libérale que sa constitution, et lui reproche de s'être conduit, envers ses voisins et les autres peuples, par des maximes d'un droit public qui lui sont particulières. Cependant elle justifie l'Angleterre de l'imputation d'avoir favorisé de son argent la révolution françoise; mais elle ne me paroît pas plus heureuse quand elle justifie l'Angleterre que quand elle accuse la France, et elle donne d'assez foibles raisons de son opinion à cet égard.

Si Mme. de Staël n'avoit pas évité de rappeler que les Anglois ont montré en général des dispositions hostiles contre les autres peuples; que, regardant le commerce de l'univers comme leur patrimoine et leur territoire, ils le défendent partout, et même aux extrémités du monde, comme une frontière; que la force particulière à leur constitution est une force d'agression plutôt que de stabilité; que même, dans leurs guerres, ils se sont quelquefois un peu trop affranchis de ces maximes du droit

des gens universellement reçues en Europe ;
elle n'auroit fait que répéter ce qui a été dit
depuis long-temps, non-seulement de l'Angleterre, mais de toutes les républiques, grandes et petites, toujours agitées par la nature
même de leurs institutions, et dont les administrations habiles cherchent, autant qu'elles le
peuvent, à occuper au dehors la turbulence et
l'inquiétude. Et l'Amérique, cette autre admiration de Mme. de Staël, à peine née dans le
monde politique, se montre tout-à-fait digne,
dans ce moment, de prendre rang parmi les
républiques les plus ambitieuses et les plus injustes ; et Genève elle-même, qui, ne pouvant faire la guerre par ses armes aux autres
peuples, la fait à leurs finances par son agio-
tage, et à leur politique par ses doctrines,
Genève a été à peine tranquille dix ans de
suite ; et il y a toujours eu, comme disoit Voltaire, des tempêtes dans ce verre d'eau. Mais
Mme. de Staël veut dire autre chose ; et quand
elle accuse les ministres d'Angleterre de jouer
aujourd'hui un trop grand rôle en Europe, à
l'aide du sang et de l'argent des Anglois, et
qu'elle fait ailleurs à lord *Castlereagh* le reproche d'être trop monarchique, reproche, au

reste, qu'il partage avec les véritables hommes d'Etat de tous les pays, même du sien ; lorsqu'en parlant des alliés, elle s'échauffe si fort sur ce qu'elle appelle l'indépendance de la France ; on sent assez que, trop docile aux inspirations d'un certain parti, elle regrette que les puissances étrangères n'aient pas laissé les libéraux établir tout à leur aise leurs chimères en France et dans toute l'Europe, où assurément ils n'ont que trop d'influence.

J'aime autant que qui que ce soit, et avec plus de motifs que Mme. de Staël, l'indépendance de ma patrie ; mais cette noble indépendance consiste, pour un peuple comme pour un homme, à se gouverner soi-même, et à traiter avec les autres par les règles de la religion, de la morale et de la politique, et non à tout renverser chez soi et chez ses voisins dans un accès de délire philosophique, et dans cet état que les Latins appellent *suí impotens*, et qui n'est qu'une honteuse dépendance de ses passions, et quelquefois des intrigues de ses ennemis. Si un particulier tombe dans un état de démence et de foiblesse, les lois de la morale et de la justice obligent ses semblables, et particulièrement ses voisins, de

le défendre de lui-même, de lui porter secours, et de lui prêter leur raison et leur
force. Mais ce que la morale privée prescrit
aux particuliers les uns envers les autres, quoique plus indépendans les uns des autres même
que les Etats, la morale générale, qui n'est autre chose que la politique et les règles de la
justice universelle, le prescrit aux nations les
unes envers les autres : et si la religion, la
politique, l'humanité, qui leur sont communes
à toutes, ont quelques reproches à faire aux
nations de l'Europe, c'est de n'avoir pas vu
assez tôt que la France ne pouvoit ouvrir au
milieu de l'Europe un abîme de malheurs et
de crimes, sans les y entraîner après elle;
c'est d'avoir écouté les insinuations perfides
d'une timide et jalouse diplomatie, plutôt que
les nobles conseils d'une haute politique, et
de n'être venu éteindre l'incendie que lorsqu'il
ne restoit presque plus rien à consumer.

C'est dans cette noble croisade de la grande
famille chrétienne, pour rendre à son aînée
le pouvoir sur elle-même qu'elle avoit perdu,
lorsque, par un concours de circonstances
inouies, elle étoit tombée sous la domination
des hommes les plus vils et les plus féroces

qui jamais aient usurpé la puissance, ce pouvoir sur elle-même, dont elle n'avoit un moment renversé l'apparence que pour passer
sous le joug d'un despote, et servir d'instrument aux fureurs de son ambition ; c'est dans
cette illustre expédition, entreprise sans ambition et consommée sans conquête, que l'on
peut admirer les progrès de la raison générale, même de la morale publique, et, si l'on
veut, la perfectibilité des esprits. Si la seconde restauration a été moins désintéressée
que la première, s'il nous a fallu chèrement
payer les secours qui nous ont été prêtés, les
sincères partisans de la véritable indépendance de la France ne doivent pas trop s'en
plaindre ; et c'est aussi un moyen de recou-
vrer toute son indépendance, que de s'acquit-
ter, envers ses voisins, du service qu'ils vous
ont rendu ; et les factieux qui en font aujour-
d'hui tant de bruit, ont vu peut-être sans trop
de peine un excès de charges publiques, qui,
joint à la disette ou à la cherté des subsistan-
ces, pouvoit, en indisposant les peuples, favoriser l'exécution de leurs sinistres projets.
Heureuse sans doute l'Europe, plus heureuse
la France, si on n'eût pas laissé régner à ses

portes l'homme qu'on étoit venu détrôner ! Heureuses les puissances, si, au lieu de se laisser tromper sur l'état de la France, sur l'esprit public, sur le vœu des peuples, et sur la foiblesse réelle de la révolution, et sur la facilité de rétablir l'ordre, qui cesse avec effort, et renaît de lui-même quand on ne le contrarie pas, une voix puissante leur eût crié, comme Thésée dans les enfers : *Discite justitiam moniti !* et qu'il y eût eu autant de fermeté et de prévoyance dans leurs conseils, qu'il y avoit de force dans leurs armées !

Et moi aussi, je redoute, pour l'indépendance de la France, l'influence des étrangers ; mais c'est bien plus l'influence des étrangers qui écrivent et qui intriguent, que la présence des étrangers qui combattent ; et je dirois volontiers, en parodiant ce vers de *Mithridate* :

Nos plus grands ennemis ne sont pas à nos portes.

Ce sont les doctrines étrangères qui nous ont asservis et nous ont livrés aux armes étrangères ; et le seul moyen d'affoiblir la France, et même un jour de la partager, seroit d'y ruiner les principes religieux et politiques qui ont fait sa force, et qui, mieux que ses armées, l'avoient maintenue ou rétablie des crises les plus désespérées.

Au reste, toutes les émotions de Mme. de Staël sur le malheur d'être secourus par les étrangers, et sur la présence en France des troupes étrangères, etc. etc., ne doivent pas faire oublier qu'elle a contribué, par ses démarches, à leur coalition contre la France, ou plutôt contre Bonaparte. On lui a fait même honneur, dans le monde, de l'accession de la Suède.

Il est vrai qu'après avoir chassé Bonaparte, les puissances alliées se sont occupées du sort de la France. Il étoit aussi difficile de leur en contester le droit que la force. C'est un nouveau droit des gens qui s'établit en Europe; c'est vraiment la république chrétienne qui se constitue; c'est à la lettre la chrétienté toute entière qui se réunit pour ses intérêts communs; et ceux qui voient les progrès de la raison humaine dans quelque misérable brochure, ne les voient peut-être pas dans ce noble concert des puissances, le plus honorable événement des temps modernes.

§. VII.

De Bonaparte.

Tous les écrivains libéraux en veulent beaucoup à Bonaparte ; mais il ne faut pas s'y tromper : ce n'est pas tant parce qu'il opprimoit la France, que parce qu'il opprimoit la révolution : c'est moins parce que son administration étoit horriblement tyrannique, que parce que sa constitution n'étoit pas du tout libérale ; et c'est aussi ce qui fait qu'ils s'acharnent contre la mémoire de Louis XIV. Bonaparte n'aimoit ni les religions libérales, ni les écrivains libéraux, ni leurs principes politiques. Les libéraux en triomphent, et rejettent son horreur de la liberté sur son éloignement pour les idées libérales ; c'est peut-être parce qu'il avoit des idées justes sur la théorie de la liberté, quoiqu'il lui portât, dans la pratique, de rudes atteintes. Ce qui le prouveroit, c'est qu'il voyoit sans trop de peine les écrivains vanter la nécessité des institutions monarchiques et vraiment libres de l'ancien gouvernement, bien qu'ils fissent par-là la plus cruelle satire de son administration.

Bonaparte se servoit de ce que la révolution avoit fait, autant qu'il étoit nécessaire pour ses vues. Mais il la craignoit, et même beaucoup trop; la comprimoit, et, en la flattant, l'auroit étouffée; et de tout ce qu'elle avoit produit, il n'auroit à la fin conservé que lui. Déjà ses lois sur la religion, tout imparfaites et violentes qu'elles étoient, la faveur qu'il accordoit aux noms distingués qui, de gré ou de force, s'attachoient à sa fortune, le désir souvent manifesté de rétablir les anciennes formes de gouvernement, les mots qui échappoient à sa dissimulation habituelle, ne promettoient pas aux véritables révolutionnaires, aux révolutionnaires *penseurs*, à ces hommes assez heureux ou assez adroits pour n'avoir pris part aux plus grands désordres de la révolution autrement que par leurs principes, ne leur promettoient pas, dis-je, la conservation de leur ouvrage. L'abolition du tribunat, le silence prescrit aux députés, de vains honneurs sans pouvoir réel attribués au sénat, annonçoient assez qu'il ne les regardoit que comme l'échafaudage de l'édifice qu'il vouloit élever. C'est ce qui l'a perdu. Il suffisoit, pour cela, de le pousser dans la direction de son caractère, et sur la pente de ses passions, et de lui aplanir toutes les voies d'une guerre qui offroit à ses ennemis secrets la chance probable d'un revers irrémédiable; car, dans la position où il s'étoit placé, il lui falloit vaincre toujours, ou périr.

Bonaparte une fois abattu, il ne restoit qu'un moyen de sauver la révolution de la haine des peuples, de l'horreur qu'elle avoit inspirée de ses propres désordres. C'étoit, s'il étoit possible, de l'affermir sur la base de la légitimité. Des ambitieux y travaillèrent avec ardeur, et s'associèrent, pour les démarches secrètes que nécessitoit ce projet, véritable chef-d'œuvre révolutionnaire, des noms honorables des plus zélés serviteurs de la famille royale; même des hommes d'esprit, mais de cet esprit qui ne voit jamais les choses que du côté qu'on les montre. La fin étoit la même; les intentions étoient différentes. Les uns vouloient le retour du Roi et de la monarchie, objet de tant de regrets et de tant d'affections, seul remède aux maux de la France et de l'Europe. Les autres vouloient aussi le retour du Roi, mais dans des vues moins pures et moins désintéressées; et c'est pourquoi on voit aujourd'hui divisés d'opinions politiques, des hommes qui ont long-temps suivi les mêmes enseignes, et qui ne se retrouvent plus maintenant sur la même route.

Tel a été le but de toutes les intrigues diplomatiques qu'on a décorées du nom de négociations, et qui ont précédé, accompagné ou suivi le retour de nos princes, à la première et à la seconde restauration; tandis que les puissances, éblouies elles-mêmes de leurs succès, et trompées sur l'état et les vœux de la France, ont cru voir dans Bonaparte toute la révolution, et l'avoir terminée en le détrônant.

La sagesse du Roi a déconcerté ce projet ; il est rentré de plein droit, après dix-neuf ans d'absence, dans l'héritage dont il est l'usufruitier ; et il a donné lui-même la loi à la France.

Il n'y a personne qui ne partage l'opinion de Mme. de Staël sur le danger qu'il y avoit à laisser Bonaparte si près de la France. Si ce n'est qu'une faute, il ne s'en fit jamais de semblable, et qui prouve une plus grande déperdition d'esprit et de bon sens en Europe. « Les » sages le prédirent, dit Bossuet, en parlant » aussi des événemens d'une révolution ; mais

» les sages sont-ils crus en ces temps d'empor-
» temens, et ne se rit - on pas de leurs pro-
» phéties »?

§. VIII.

De la Religion.

Il y a toujours un peu de controverse dans les écrits de Mme. de Staël ; et jusque dans ses romans, on remarque l'affectation d'opposer le calvinisme au catholicisme. C'est une disposition particulière aux calvinistes ; et depuis long-temps on seroit tenté, en voyant leurs attaques continuelles contre le culte catholique, de leur dire avec Acomat :

Il n'est pas condamné, puisqu'on veut le confondre.

Dans les *Considérations* de Mme. de Staël, il y a de cette intention plus que dans tout autre de ses écrits ; son sujet l'y conduisoit : car quoique les *libéraux* et elle-même s'élèvent contre la doctrine qui considère à la fois la politique et la religion pour les affermir l'une par l'autre ; dans leurs écrits, et plus encore dans leurs pensées, ils les séparent beaucoup moins qu'ils ne disent, mais pour les détruire l'une par l'autre : ils n'expliquent pas à cet égard toutes leurs intentions. Nous suppléerons à leur silence.

La révolution qui agite l'Europe est beau-coup plus religieuse que politique; ou plutôt, dans la politique, on ne poursuit que la religion, et une rage d'anti-christianisme impossible à exprimer, et dont de célèbres correspondances du dernier siècle ont donné la mesure, anime un parti nombreux à la subversion des anciennes croyances. Ils ont très-bien jugé la tendance qui entraîne de préférence les unes vers les autres certaines constitutions d'Etat, et certaines constitutions de religion; et s'ils avoient eu besoin à cet égard d'une nouvelle expérience, les diverses phases de la révolution françoise leur en auroient fourni une preuve sans replique, en leur montrant, dès 1789, les innovations religieuses concourant avec les nouveautés politiques; l'athéisme, sous la Convention, s'associant à l'anarchie; une sorte de religion naturelle, sous le nom de *théophilanthropie,* inventée sous le gouvernement un peu moins désordonné du Directoire; l'autel enfin, entraîné sous les débris du trône, et le catholicisme renaissant avec la monarchie. Mais, sans recourir à cette expérience, ils voient dans toute l'Europe le calvinisme s'assimilant à la démocratie (et Mme. de Staël en fait gloire), même dans quelques lieux au despotisme, qui est la démocratie militaire. En Angleterre, un calvinisme mitigé, sous le nom de religion anglicane, s'unissant à une monarchie mixte et au moment présent, où la lutte des deux principes extrèmes de la démocratie et de la royauté semble agiter l'Angleterre, la religion se partager de la même manière entre le méthodisme, qui est un calvinisme rigide, et une secrète tendance au catholicisme. Ils en ont conclu avec raison que, ne pouvant attaquer de front une religion défendue par toutes les habitudes et toutes les affections des peuples, et par sa propre majesté, il falloit, pour l'ébranler, changer la forme du gouvernement, et qu'un gouvernement populaire conduiroit nécessairement à une religion populaire, c'est-à-dire, au presbytéranisme. Mirabeau, leur patron, qui en vouloit plus à la politique qu'à la religion, disoit qu'il falloit *décatholiser* la France pour la *démonarchiser*. Ceux-ci, qui en veulent surtout à la religion, disent ou pensent qu'il faut démonarchiser la France pour la décatholiser. D'ailleurs la religion presbytérienne

est

est plus économique dans son culte que la religion catholique; et n'ayant, du moins encore (1), aucune dotation à réclamer dans les ventes des biens de la religion ancienne, elle présenteroit une garantie de plus à ceux qu'on veut toujours rassurer, parce qu'ils veulent toujours être alarmés. Ainsi, qu'on ne s'y trompe pas, toutes ces grandes admirations pour la constitution angloise, ce grand étalage de principes de liberté et d'égalité politiques, et d'opinions prétendues libérales, ce zèle si ardent pour les constitutions libres, qui a tout à coup saisi tant de personnes qui s'arrangeoient assez bien des constitutions un peu moins libres de Bonaparte, ne sont que des mots. On connoît très-bien la constitution angloise, et on sait à merveille si elle convient ou ne convient pas à la France. La liberté et l'égalité ne sont que l'amour de la domination et la

____

(1) On peut voir dans l'histoire d'Ecosse, et même dans la nôtre, la peine qu'avoient les chefs politiques à contenter les ministres presbytériens, une fois que leur religion fut dominante ou autorisée, et comment ils se croyoient fondés à se porter pour héritiers même des biens de l'ancienne religion.

haine de toute autorité qu'on n'exerce pas. Les idées *libérales* font rire les *augures* quand ils se rencontrent ; et l'on ne demande les lois politiques de l'Angleterre, que pour en venir à la religion anglicane, ou à quelque chose qui lui ressemble ; car tout est bon hors le catholicisme, et ce n'est que par haine contre cette religion qu'on déclame avec tant de violence contre l'ancienne monarchie, et surtout contre Louis XIV et son gouvernement. C'est à ce secret motif, qu'on n'en doute pas, qu'il faut attribuer ce débordement inoui d'écrits fanatiques sur les événemens du midi, écrits qui ont trompé Mme. de Staël elle-même, et font gémir les protestans éclairés qui n'y trouvent que réticences, déguisemens, exagérations ou impostures, et un horrible systéme de calomnie qu'on colporte dans toute l'Europe, au hasard de réveiller des haines mal éteintes, et de rappeler les torts trop réels de ceux qui se plaignent. C'est à cette même cause qu'il faut rapporter les difficultés que le gouvernement a jusqu'ici éprouvées de terminer l'établissement du clergé catholique. Ces difficultés ne viennent pas des hommes qui sont chargés de conduire cette importante négociation ; mais elles viennent des intrigues impénétrables d'un parti qui s'entrelace dans toutes les affaires, pour les en rayer quand il ne peut les conduire, et qui fait servir à l'asservissement de la religion en France, jusqu'aux *libertés de l'église gallicane*.

Mais ceux qui voudroient insensiblement nous conduire au but qu'ils paroissent ne pas regarder, à une religion réformée à leur manière, n'ignorent pas qu'il n'y en a plus en Europe de celle-là; que des disputes récentes ont prouvé que, depuis long-temps, la croyance même des docteurs, même à Genève, ou plutôt l'incrédulité, tournoit au déisme, dont Voltaire et d'autres les avoient depuis long-temps accusés; que des noms célèbres en Allemagne, et tout récemment le baron de Starck, ministre protestant, et premier prédicateur de la cour de Hesse-Darmstadt, ont avoué ingénument que les protestans ne savoient plus ce qu'ils devoient croire, et qu'il n'y avoit qu'une réunion à l'Eglise mère qui pût sauver le christianisme en Europe, et avec lui la civilisation, d'un naufrage inévitable (1). Ils savent

______

(1) Lisez dans le *Journal des Débats*, du 10 août 1818,

tout cela, et mieux que nous ; et c'est précisément ce qui les affermit dans leurs projets.
L'athéisme les tente comme une grande expérience ; car, selon Bossuet, le déisme, comme
religion d'Etat, sans culte, sans sacrifice, n'est
qu'un athéisme déguisé. La réforme n'a jamais
eu d'existence que par son opposition à une
religion rivale. Elle s'appuyoit sur elle en la
combattant ; et si elle n'avoit plus d'ennemis,
elle perdroit jusqu'à son nom, et livreroit le
monde moral à l'anarchie des doctrines, et
bientôt à celle des gouvernemens.

§. IX.

De la liberté et de l'égalité politiques.

Mme. de Staël termine son ouvrage par un
chapitre sur l'amour de la *liberté,* ou plutôt
par un hymne à la liberté, où elle met en
sentiment sa doctrine, et revient pour la mil-
lième fois sur cette assertion, qu'il n'y a ni *liberté, ni égalité,* ni bonheur, ni vertu, hors de
la constitution angloise. Elle avoit dit plus

---

l'article *Genève,* et les reproches qu'une église nouvelle,
sous le nom d'*Adorateurs de Jésus-Christ,* et qui ressemble aux méthodistes, adresse à l'église protestante.

haut que, depuis cent ans, il n'existoit peut-être pas d'exemple, en Angleterre, d'un homme condamné, dont l'innocence ait été reconnue trop tard. C'est que, peut-être, cette administration habile a été moins facile qu'on ne l'a été en France à revenir sur des condamnations prononcées ; et il s'en faut bien que les gens qui ont connu toutes les circonstances de quelques affaires malheureusement célèbres, partagent l'opinion d'un certain parti sur l'injustice ou la précipitation des jugemens (1).

Mme. de Staël dit aussi que, depuis cent trente ans, il n'y a pas en Angleterre d'exem-

____

(1) Mme. de Staël dit, en parlant du juri anglois : « La religion et la liberté président à l'acte imposant » qui permet à l'homme de donner la mort à son sem- » blable ». La religion et la liberté ne permettent rien de pareil à l'homme, sauf dans le cas d'une légitime défense ; et celui qui, après de longues études, a reçu du pouvoir le caractère de juge, n'est pas simplement un homme. Aujourd'hui que nous attachons tant de prix à la culture de l'esprit, nous croyons que le bon sens, sans culture spéciale, a plus de rectitude et moins de prévention que le bon sens aidé de l'étude, et c'est sur cette idée qu'est fondée l'institution du juri.

ple d'un acte arbitraire. Mais qu'est-ce donc que les *brisemens* de métiers, les incendies d'ateliers, les pillages de maisons, si fréquens au milieu de l'état le plus tranquille du gouvernement? C'est-à-dire que les actes arbitraires, et quels actes! ne sont interdits qu'au gouvernement. On voit bien ce que les particuliers y perdent, mais on ne voit pas ce qu'y gagne la liberté; car, remarquez qu'on n'entend jamais parler d'un dédommagement en faveur des victimes.

A force de chercher dans les écrits des libéraux ce qu'ils entendent par liberté et égalité politiques, dont ils parlent beaucoup, et qu'ils évitent prudemment de définir, je crois avoir compris qu'ils entendoient l'octroi libre de l'impôt, le concours des citoyens au pouvoir législatif, la liberté de la presse, le jugement par juri, l'admissibilité de tous à toutes les places.

Or, je soutiens que rien de tout cela ne constitue la liberté et l'égalité politiques, sauf l'admission de tous à toutes les places, qui seule, à mon avis, constitue la liberté et l'égalité, et les constituoit en France mieux que dans tout autre pays, sans en excepter l'Angleterre.

Mme. de Staël, dans tout son ouvrage, af-firme et ne daigne pas raisonner. Je n'obtien-drai peut-être pas davantage de ses partisans ; mais enfin je leur propose une thèse philo-sophique ; et peut-être, après avoir si hardi-ment proposé, ou plutôt imposé leurs doctri-nes, leur prendra-t-il envie de les justifier.

Il me paroît, en vérité, ridicule de parler de la forme des procédures criminelles à pro-pos de libertés publiques. C'est une bien triste liberté, pour celui qui est appelé aux fonctions de juré, que la liberté de prononcer contre son semblable le bannissement, la détention ou la mort. Dans ce cas, le peuple juif, qui non-seulement jugeoit, mais lapidoit lui-même les coupables, auroit eu un degré de liberté de plus. Pour celui qui est accusé, l'in-térêt de sa liberté, de sa vie, de son honneur, est d'être jugé par des hommes honnêtes et éclairés, jurés ou juges ; et, s'il est coupable, l'intérêt public demande qu'il soit puni.

Tout homme, sans doute, peut être accusé ; mais, je le demande, dans le compte de son bonheur que se rend à lui-même un citoyen vertueux, et qui ne conspire pas contre ses voisins ou son pays, a-t-il jamais fait entrer en ligne de compte l'avantage d'être jugé au criminel de telle ou telle manière? C'est, en vérité, à quoi on ne songe guère. Il se peut que cette loi ait de grands avantages; je ne les accorde ni ne les conteste; mais je dis seulement qu'une forme de procédure criminelle n'est pas plus une liberté publique, qu'un remède n'est un aliment. Toutes les formes de lois civiles ou criminelles, assez indifférentes en elles-mêmes, sont bonnes lorsqu'elles sont anciennes, qu'un peuple y a plié ses mœurs et ses habitudes, et que le temps en a fait connoître les avantages, ou fait disparoître les inconvéniens. Certes, si le juri fait partie de nos libertés, nous en sommes bien peu dignes, puisqu'il a fallu nous contraindre à cet acte de liberté par les peines les plus graves, et que les jurés, même libéraux, se rendent au juri avec presque autant de répugnance que les prévenus.

J'en dirai autant de la liberté de la presse, qui n'est une liberté que pour le petit nombre de ceux qui écrivent. Pourquoi alors ne regarde-t-on pas comme une liberté d'attrouper les gens dans les rues pour leur débiter des opinions? On ne peut pas appeler liberté pu-

blique une faculté restreinte nécessairement
à un si petit nombre de particuliers. Dira-t-on
que ceux-là éclairent les autres? Plus souvent
ils les aveuglent : et qu'est une liberté publique
qu'il faut entourer de tant de précautions, et
dont l'exercice doit être l'objet de la surveillance continuelle? tant l'abus est voisin de l'u-
sage! Encore une fois, la liberté de la presse
peut avoir de grands avantages ; mais ce n'est
pas à ces traits que je reconnois une liberté
publique, qui doit être pour un peuple, comme
l'air, l'eau et la lumière pour l'homme, parce
qu'elle est aussi nécessaire, qu'elle doit être
aussi générale, aussi salutaire, et ne présenter
aucun danger. Elle doit être l'objet des vœux
de tous, et non de leurs répugnances, comme
le juri; ou de leurs craintes, comme la liberté de la presse ; et un gouvernement ne
peut pas avoir besoin d'amendes et de peines
coërcitives pour les contraindre à en user.

On nous parle de la liberté des Grecs et
des Romains, et ils n'avoient ni jugemens par
jurés, ni liberté de la presse; et les Anglois,
malgré toutes ces libertés, ont été, sous leur
Henri VIII, le peuple le plus esclave de la
terre.

L'octroi de l'impôt intéresse, il est vrai, tous les citoyens; mais ici, tout est fiction, rien n'est réalité. Le peuple, être abstrait, ne paye pas, parce qu'il ne possède pas et ne travaille pas. C'est la famille, être réel, qui paye, parce qu'elle possède et cultive la terre et les arts. Je concevrois la liberté publique dans l'octroi volontaire de l'impôt, s'il y avoit dans chaque commune un tronc où chacun, suivant ses facultés et ses besoins, allât déposer au profit de l'État le fruit de ses épargnes. Mais que vingt-huit millions d'hommes soient libres, parce que deux cent cinquante personnes, qui peuvent ne payer ensemble que 250,000 francs d'impôt, nommés par la moitié plus un de quarante ou cinquante mille petits ou grands propriétaires, contre le gré de l'autre moitié, auront accordé généreusement, pour tous leurs concitoyens, un impôt dont ils paient une si foible partie; c'est, en vérité, une fiction dont les argumens les plus subtils ne feront jamais une réalité. Car, remarquez que, de tous les droits dont le propriétaire peut naturellement jouir, il n'en est pas de plus sacré, et qui soit plus un devoir, que celui de vivre, de faire vivre sa famille,

de jouir du fruit de ses labeurs, et, par conséquent, de ne laisser à des personnes qu'il ne
connoît même pas, ou que quelquefois il ne
connoît que trop, le soin de lui couper les mor-
ceaux, si je puis ainsi parler ; de l'imposer pour
l'Opéra ou le Conservatoire, lorsqu'il peut à
peine nourrir sa famille, ou pour un arc de
triomphe, quand sa maison tombe en ruines.

A la vérité, s'il n'est pas taxé arbitraire-
ment par une assemblée, il le sera arbitraire-
ment par un ministre ou un comité des finances ; et sans doute que l'expérience aura prouvé que ceux qui sont taxés par députés le sont
beaucoup moins que ceux qui sont taxés d'autorité. Point du tout, l'expérience a prouvé
précisément le contraire. Montesquieu en fait
la remarque. Il n'y a qu'à comparer, sous ce
rapport, le peuple anglois au peuple allemand ;
et on sent à merveille que les gouvernemens
n'oseroient pas exiger ce qu'ils obtiennent du
consentement d'une assemblée. J'ai entendu
des hommes en place mettre au premier rang
des avantages qu'avoit, sous ce rapport, cette
forme de gouvernement sur la monarchie, que
Louis XIV lui-même n'auroit jamais imposé
les sommes qu'une assemblée consent libre-

ment. J'étois tenté de tirer de cette facilité une conclusion tout opposée ; et je crois, en général, que le gouvernement le plus libre, quelle que soit la forme d'établir l'impôt, est celui qui, en respectant tous les autres droits, laisse le plus d'aisance à la famille.

Je ne dis pas que l'octroi de l'impôt par consentement réel ou apparent n'ait de grands avantages, ce n'est pas là la question ; mais je dis seulement que le peuple n'est ni plus ni moins libre, qu'il soit taxé par une assemblée de députés ou par un comité de conseillers d'État ; je dis que la forme est, pour la liberté publique, tout-à-fait indifférente ; je dis que ce n'est pas de quelque argent de plus ou de moins que le père des humains a fait dépendre la liberté d'un peuple, lui qui n'a pas attaché à la possession des richesses la liberté de l'homme, libre dans les fers comme sur le trône, libre encore et plus libre peut-être au sein de l'indigence que sur des monceaux d'or.

Le concours de tous les citoyens, médiat ou immédiat, au pouvoir législatif, peut avoir de grands avantages ou de graves dangers, sans que pour cela ce concours constitue la liberté publique. Il faudroit, pour qu'il en fût ainsi, que ce concours fût direct, effectif, général, et que chaque citoyen pût dire : « Je me suis imposé » moi-même la loi à laquelle j'obéis ». Car, s'il y a une vérité démontrée, même par le publiciste de la démocratie, c'est que la volonté générale de faire des lois ne peut être représentée, et qu'on ne peut investir qui que ce soit de la fonction de vouloir pour soi, lorsqu'on ne peut savoir soi-même ce que l'on voudroit, ni connoître même les circonstances dans lesquelles il faudroit vouloir. Loin d'y voir une liberté, je verrois plutôt une servitude dans la nécessité où se placent les quatre cent quatre-vingt-dix-neuf personnes, souvent avec plus de lumières et plus d'intérêts, de soumettre leur volonté à celle de cinq cents autres, et dans la nécessité où chacun se place encore, que quelqu'un dont il n'aura pas voulu veuille pour lui et en son nom. Et je ne parle même pas des nombreuses exclusions du droit de voter que l'on est forcé d'établir, desquelles il résulte que si les uns jouissent, par le droit de voter, de la plénitude de la liberté civique, ceux à qui ce droit est interdit sont dans l'état directement opposé à la liberté. « Quoi donc, » dit J.-J. Rousseau, la liberté ne peut-elle

» se maintenir qu'au moyen de la servitude?
» Peut-être ».

Je sais qu'on échappe à toutes ces conséquences avec quelque chose qui ressemble à
de la métaphysique ; mais, en vérité, ce sont
des sophismes ; et la dernière raison est que
tout un peuple ne peut pas voter, ni concourir
à faire la loi : ce qui est tout-à-fait vrai, mais
ne résout pas la difficulté.

Au fond, je vois qu'un peuple fait moins
usage de sa liberté quand la loi se fait que
lorsqu'elle est faite ; et qu'il l'accepte en y
ployant ses mœurs et ses habitudes, ou la rejette en l'éludant et la laissant tomber en désué-
tude : et combien de lois, je ne dis pas depuis
la révolution, mais même sous l'ancien gouvernement, dont le peuple, plus sage que ses
législateurs, n'a pas voulu ? Cette liberté réelle,
effective, mais sans orage et sans violence, existe
dans tous les Etats. Et encore faut-il savoir
ce qu'on entend par une *loi*. Je ne connois de
lois que les lois générales et constitutives de
l'Etat ou de la famille, lois politiques, civiles
ou criminelles ; et c'est profaner ce beau nom,
que de le donner à des réglemens temporaires,
variables, sur les douanes, les sels et les ta-

bacs, les passe-ports, etc. etc. Quand l'Etat et
la famille existent, il y a toujours présomption
de consentement pour les lois qui constituent
le mode de leur existence, et qui sont des
conséquences naturelles des lois fondamentales et primitives de la société humaine ; car
il n'y a jamais de consentement pour les lois
fausses.

Quant aux réglemens qui varient d'une province à l'autre, ou doivent varier suivant le
climat, les productions et les besoins, il y a
aussi toute liberté, puisque le peuple les reçoit, et souvent les repousse, et force le gouvernement de les retirer.

Ainsi, si un peuple est libre lorsqu'il consent lui-même ses lois, le peuple françois étoit
certainement libre, puisqu'il obéissoit depuis
si long-temps aux mêmes lois, et qu'il les avoit
si souvent ratifiées dans ses Etats-généraux,
même par les *doléances* qu'il faisoit sur leur
inexécution.

Je le répète, les jugemens par juri, la liberté
de la presse, l'octroi de l'impôt, et la participa-
tion au pouvoir législatif par députés élus ou
héréditaires, peuvent être des institutions très-
utiles, même nécessaires, dans quelques hy-

pothèses ; mais elles n'ont pas le caractère de généralité qui doit constituer la liberté publique. A côté de grands avantages, elles présentent de graves dangers, et la liberté publique ne doit en avoir aucun ; leur bonté n'est pas universellement sentie, et la liberté publique n'a qu'à se montrer pour être l'objet des vœux et de l'assentiment de tous : et ces institutions ne constituent pas la liberté publique, puisqu'elles peuvent ne pas faire le bonheur de chacun. Je ne vois donc la liberté, et toute la liberté politique, que dans l'admission, ou plutôt l'admissibilité de tous les citoyens aux fonctions publiques ; parce que cette liberté ne tient pas à l'argent, pas à une forme de procédure criminelle, pas à la liberté d'écrire, choses qui n'intéressent pas directement la généralité des hommes, qui tous ne payent pas des impôts, ne concourent pas à faire la loi, ne sont pas accusés, n'écrivent pas ; mais parce que cette liberté donne à tous les hommes et à toutes les familles l'existence politique, c'est-à-dire, le mode le plus élevé et le plus noble d'existence sociale, en faisant passer la famille, de la condition privée à l'état public, et l'homme lui-même, du service de l'homme au service de l'Etat.

Ici

Ici les citoyens n'ont aucun besoin de re-
présentans, et moins encore de sophismes pour
justifier des fictions. Chaque famille se repré-
sente, ou plutòt se présente elle-même et sans
intermédiaire; et elle ne fait qu'obéir à sa tendance naturelle, à cette tendance si forte et si
générale, qui porte tous les êtres vivans à dé-
sirer d'être mieux et d'être plus; et qui n'est
que le désir inné du bonheur, qui donne à
l'homme, à toutes ses pensées, à toutes ses actions, à tout son être, le mouvement et la vie.
On n'a pas le désir inné du juri, de la liberté
de la presse, ni de voter l'impôt, ou de faire
des lois; mais on a, on ne peut pas ne pas
avoir, le désir inné d'être mieux ou plus soi-
même, et d'avancer sa famille.

Or, dans quelle société de l'Europe cette
tendance de toute famille à s'élever étoit-elle
plus libre, plus indépendante, plus spontanée,
plus sous la main de toutes les familles, plus
dégagée d'influences étrangères? Là est toute
la question, et il n'y a pas de doute que là où
il y avoit plus de facilité et de liberté de s'élever, là aussi se trouvoit plus de liberté politique.

Ici je parle sans regret pour le passé, sans

aversion du présent, sans arrière-pensée sur l'a-
venir ; je raisonne en publiciste, en homme qui
use du droit incontestable de chercher, ou si l'on
veut, de demander la vérité, sans s'en laisser
imposer par les autorités, ni intimider par les
déclamations. Je reviendrai sur quelques idées
que j'ai présentées dans un autre paragraphe.
Mais puisqu'on ne se lasse pas de déclamer contre la noblesse, et même sans savoir ce qu'elle
étoit, ne nous lassons pas d'en justifier l'institution.

Comparons donc les anciennes lois, les anciens usages de la France sur l'admissibilité, à
ceux de l'Angleterre.

D'abord, partout, en France, en Angleterre,
en Allemagne, un mérite extraordinaire se
fait jour, et malgré les hommes ; et tous en con-
viendroient, si chacun ne se croyoit pas un
mérite extraordinaire, ou si, confondant tous
les genres, ne croyoit pas qu'il suffit d'être un
grand poète pour être un habile ministre, ou
un savant jurisconsulte pour faire un grand
homme d'Etat ; ou enfin, d'être un bon colo-
nel, pour mériter d'être généralissime de toutes
les armées.

En Angleterre, les élévations subites sont

plus fréquentes, parce que cette nation ne peut se sauver de sa constitution que par les talens de son administration. Elle a plus besoin de talens extraordinaires que d'autres nations, que l'Autriche par exemple, parce que les fautes de son administration seroient sans remède. Il y a là plus de brillant que de bonheur réel; et cette nécessité n'est un bien ni pour elle ni pour ses voisins. Elle a de très-habiles ministres, comme un pays constamment affligé de maladies épidémiques auroit d'habiles médecins. Dans tous les Etats bien constitués, l'homme nécessaire se montre au besoin et dans les grandes crises; en Angleterre, le besoin est continuel, et la crise toujours menaçante.

Mais, en Angleterre, l'homme élevé, comme en France et partout, par la volonté du souverain roi ou du souverain peuple (car le peuple, en Angleterre, a aussi ses faveurs, et elles coûtent beaucoup plus que celles du roi), l'homme élevé n'élève pas sa famille, qui reste toujours dans l'état privé; et dans la même famille, l'aîné est pair du royaume, et le cadet peut être marchand dans la cité. J'ai fait voir ailleurs, par le propre témoignage de Mme. de Staël, les effets de ces institutions sur les liens de famille, trèsfoibles en Angleterre. Il me suffit pour ce moment de prouver que l'élévation tient uniquement, en Angleterre, au bon plaisir, du souverain, et qu'il faut se faire assommer dans les rues pour courir la carrière des élections populaires, ou se tenir dans les antichambres, pour courir celle des places à nomination royale. En France, une famille des derniers rangs de l'agriculture, ou de l'industrie, devenue plus aisée par le travail et l'économie, sortoit toute seule de cet état dépendant, et passoit à la profession des affaires ou d'un art libéral. Elle étoit encore dépendante, puisqu'elle servoit encore les particuliers, pour rétribution ou honoraires, dans leurs affaires, leur santé ou leurs plaisirs ; mais sa dépendance, si j'ose ainsi parler, étoit plus honorable, parce qu'elle étoit plus large, et que d'ailleurs une profession plus studieuse donnoit à l'intelligence plus d'exercice, et aux succès plus d'éclat. Si sa fortune venoit à s'accroître jusqu'à lui permettre un mode d'existence tout-à-fait indépendant, elle achetoit une charge publique, n'importe laquelle, car cette acquisition n'étoit politiquement qu'une caution donnée au gouvernement de son indépendance. Dans ce passage de l'état privé à l'état public, pas plus que dans les autres, elle n'avoit besoin ni d'intrigue ni de faveur, et les moyens de s'élever étoient tous en elle-même.

On a beaucoup blâmé l'anoblissement à prix d'argent, comme on a blâmé la vénalité des charges; la raison est la même. Mais quand je viens offrir à l'Etat mes services, et avant qu'il ait pu apprécier mon mérite, pourquoi commencerois-je par le grever de mes besoins? pourquoi ne donnerois-je pas à l'Etat la preuve sensible qu'en acquérant mon indépendance par l'accroissement de ma fortune, j'ai montré de l'ordre, de l'activité d'esprit, de la sagesse, de la conduite dans mes affaires domestiques... du bonheur, si l'on veut, qualités également propres aux affaires publiques, et qu'étant indépendant par ma fortune, je ne cherche pas à faire fortune à son service? Ne sait-on pas que si la famille est mieux servie à mesure qu'elle paye davantage ceux qui la servent, l'Etat est mieux servi à mesure qu'il les paye moins, et qu'il fait de l'honneur de le servir le premier mobile et la plus haute récompense.

Cette famille une fois admise dans la noblesse, comme dans le séminaire des fonctions publiques, contente d'être admissible, n'en demandoit souvent pas davantage ; et n'est-ce donc rien que de contenter à si peu de frais des ambitions si légitimes?

Il y avoit donc liberté et égalité politiques, puisque toutes les familles avoient le même droit à s'élever et les mêmes facilités, et qu'aucune volonté extérieure ne bornoit le droit et ne gênoit la facilité (1).

Mme. de Staël, qui a beaucoup vécu dans les cours du Nord, où se déploie tout l'orgueil de la noblesse chapitrale, traite la noblesse récente, ou celle des provinces, qui n'avoit pas d'aussi belles manières que celle de la cour, avec un mépris peu philosophique, et prétend que ce mépris étoit général en France. Il étoit très-peu sensible dans les provinces ; point du

____

(1) On a fait grand bruit de l'ordonnance militaire de M. le maréchal de Ségur. Mais il y avoit des corps de la maison du Roi où l'on avoit, en entrant, le grade d'officier, quoiqu'on ne fût pas noble. Aujourd'hui tous commencent par être soldats ; alors on en dispensoit les familles nobles, et on pensoit que, pour la dignité du commandement, et même la science militaire, l'exemple et les leçons qu'on trouvoit chez soi valoient deux ans de gamelle et de corps-de-garde.

tout dans le militaire, où il eût été payé fort
cher ; moins encore dans la robe, où la mo-
destie de la profession tempéroit l'éclat des anciens noms ; et elle a pu voir par elle-même
qu'à Paris l'éducation, les talens et la fortune
confondoient les rangs, et faisoient disparoître
les inégalités politiques. Quelquefois les nou-
veaux nobles prêtoient au ridicule par la foiblesse de vouloir faire oublier trop tôt leur
nouveauté ; et quant à la hauteur, elle est toute
dans le caractère. Il y avoit des duchesses très-
polies et très-simples, et des bourgeoises fort
impertinentes.

Il y avoit en France des gradations de rangs
et de respects. Rien, à cet égard, n'étoit écrit ;
tout étoit observé sans exigence, et surtout
sans cette précision pédantesque qui fait qu'en
Angleterre l'étiquette, même au bal, étant
notée comme un morceau de musique, les
grands ne peuvent dissimuler leur supériorité,
ni les petits échapper à l'humiliation.

Il y avoit des gradations ; mais dans quelle
famille, dans quel état, dans quel corps, dans
quelle association, dans quel cercle n'y en a-
t-il pas ? et, comme je l'ai déja dit, les anciennes familles, dévouées depuis plus de temps

au service public, ne devoient-elles pas jouir dans l'État, dont elles étoient les vieillards, des respects que les vieillards d'âge obtiennent dans la famille ?

Il y avoit des gradations : mais quel est le législateur ancien qui n'ait pas classé les différentes professions suivant leur utilité ? et Fénélon, dont on feroit volontiers un *libéral*, dans les réglemens que Mentor conseille à Idoménée, ne fait-il pas entrer la division des citoyens en sept classes, toutes distinguées par leurs habits et leurs décorations, depuis la frange, l'anneau et la médaille d'or, jusqu'aux vêtemens mêlés de jaune et de blanc; et ne bannit-il pas de Salente un nombre prodigieux de marchands d'objets de luxe ?

Ces familles anoblies se retiroient du commerce ou des professions lucratives, et il en résultoit, entr'autres avantages dont j'ai parlé, celui de laisser, dans le commerce ou les affaires, des places vacantes, et de donner ainsi, aux familles moins avancées, plus de facilités pour parvenir à leur tour; et celui encore d'empêcher les accaparemens du commerce, qui sont tels aujourd'hui qu'il suffiroit, dans quelque lieu, de la retraite d'un négociant enrichi, pour en faire prospérer beaucoup d'autres.

Enfin l'égalité devant la loi, autre caractère de la liberté publique, étoit entière en France. Les princes du sang étoient jugés par le parlement comme les autres citoyens; et ce n'est que dans les institutions modernes que se trouve cette inégalité, la plus grande de toutes celles qui puissent exister entre des citoyens, le jugement par un tribunal spécial et extraordinaire, des hommes revêtus des hautes dignités politiques, qui leur donnent pour juges ceux qui ont un intérêt de corps à ne pas les trouver coupables; encore n'est-il pas permis de mettre en cause un administrateur, même subalterne, sans le bon plaisir du conseil d'État. Je ne m'élève pas contre ce privilége, mais j'observe seulement qu'il ne falloit pas faire sonner si haut quelques franchises d'argent, lorsqu'on se croyoit forcé d'établir des priviléges de personnes et de juridiction qui mettent entre citoyens et citoyens un bien plus grand intervalle.

L'admissibilité à tous les emplois existoit donc en France pour tous les hommes, puisqu'elle existoit libre, volontaire, indépen-

dante pour toutes les familles. Alors l'admissibilité étoit tout : aujourd'hui c'est l'admission effective que l'on veut, et c'est ici qu'on
ne se paye ni de fictions ni d'illusions. Je la
concevrois encore, cette admission de tous,
si chacun des titulaires aux quinze ou vingt
mille places pour lesquelles se présentent
quelques cent mille concurrens, ne pouvoit
garder sa place que trois mois, et devoit la
passer à un autre. Mais à quoi se réduit-elle
et peut-elle en effet se réduire, surtout lorsqu'aucune loi n'interdisant à un père de famille de faire élever ses enfans dans sa profession, l'hérédité des fonctions s'introduit
d'elle-même, et avec elle recommence, par
la force des choses, la noblesse héréditaire ?
Mais aujourd'hui qu'on ne se contente plus de
l'honneur d'être dévoué au service de l'Etat,
et qu'on veut le servir effectivement, et vivre
aux dépens du trésor public, il n'est pas de
famille, même dans les derniers rangs, qui
ne veuille faire donner à ses enfans, et, si elle
le peut, aux frais de l'Etat, l'éducation littéraire ; cette éducation, qui doit être le luxe
d'une famille enrichie, et qui, par un travail quelquefois de plusieurs générations, est

parvenue à une entière indépendance de fortune. La loi inspire donc l'ambition de parvenir à tous les jeunes gens, sans leur en donner d'autres moyens que des études dont ils ne retirent souvent que l'orgueil qu'elles inspirent, et le dégoût de toute profession qui n'est pas écrivante et gouvernante, et même le dégoût de la profession militaire, tant qu'il n'y a pas de guerre à faire, et par conséquent d'avancement à espérer. La société est donc encombrée, et toutes les voies obstruées par une foule de jeunes gens qui ont lu qu'ils pouvoient parvenir à tout, et qui voyent qu'ils ne peuvent parvenir à rien. Ils auroient fait des hommes utiles dans la profession de leurs pères; et, sans profession, ils sont des hommes dangereux et dévorés trop souvent par une ambition sans talens, ayant contracté dans l'étude des lettres des goûts plus recherchés, et qu'ils ne peuvent satisfaire; inquiets, mécontens et déplacés, ils finissent trop souvent par faire de mauvaises brochures, de mauvaises affaires, et quelquefois de mauvaises actions.

On s'élève avec amertume contre toute hérédité. Qu'on commence donc par défendre à tout homme qui aura occupé dans l'État un rang honorable, de faire élever ses enfans pour sa profession. Alors la société toute entière ne fera que monter et descendre. Tous les hommes privés feront élever leurs enfans pour être des hommes publics, tous les hommes publics feront élever leurs enfans pour être des hommes privés, et il n'y aura d'hérédité que de confusion et de désordre.

Autrefois le gouvernement avoit à sa disposition la monnoie de la noblesse, qui tenoit lieu de richesse, même à la pauvreté; mais aujourd'hui qu'il n'y a plus une noblesse politique, parce qu'il y en a légalement deux, ou plutôt parce qu'il y a un patriciat; aujourd'hui que la profession exclusivement livrée au culte de l'argent écrase toutes les autres de son opulence, de son luxe, et de ses prétentions; qu'elle dédaigne ces fonctions modestes et si peu rentées de la magistrature, qui étoient autrefois le but de ses travaux et son premier pas dans la carrière publique; aujourd'hui que l'argent est la mesure de la considération et le tarif de l'importance des places, comment peut-on relever aux yeux du peuple, et faire accepter à des hommes capables de tout autre emploi, les fonctions si respectables de

la magistrature, à moins d'écraser le trésor
royal d'appointemens et d'honoraires qui mettent ceux qui en sont revêtus en état de soutenir leur rang et de faire honorer leur caractère ?

On veut que tous les hommes soient politiquement égaux ; qu'on fasse donc toutes les
professions égales ; qu'on fasse de la famille
l'égale de l'Etat, et les professions qui nour-
rissent, logent et vêtissent l'homme, aussi importantes ou aussi honorables que celles qui
lui enseignent les devoirs ou les lui font pra-
tiquer, et veillent au salut public en repous-
sant l'étranger ou punissant le malfaiteur ?

Mais si la nature et le bon sens repoussent
cette inégalité, la seule que la société doive
reconnoître, qu'on ne s'étonne pas si les familles qui avoient renoncé à toute profession
domestique et lucrative pour rester disponi-
bles pour le service de l'Etat, eussent obtenu
une considération particulière qui a été long-
temps celle du respect, et qui est aujourd'hui
celle de la haine. Et quant à l'oisiveté que
Mme. de Staël reproche à un grand nombre
d'entre eux, que le défaut de faveur, de fortune, ou d'autres causes empêchoient de

remplir actuellement des fonctions publiques pour lesquelles ils se voyoient souvent préférer des hommes enrichis, même sans être anoblis, il n'y a d'oisiveté coupable que l'oisiveté volontaire : encore faut-il observer qu'il y a moins d'oisifs dans une nation lettrée. La culture de l'esprit est aussi une occupation, et tout-à-fait analogue à la destination de la noblesse ; et la minorité de la noblesse, aux États généraux, selon Mme. de Staël, la majorité selon d'autres, a prouvé que la connoissance des vrais principes politiques lui étoit familière, et qu'elle savoit aussi les mettre en œuvre.

§. X.

Conclusion.

Je n'ai pas prétendu réfuter en détail l'ouvrage de Mme. de Staël. Elle a embrassé toute la révolution, ses principes, ses faits, les hommes qui l'ont faite ou supportée. Les faits sont passés, les hommes passent ; mais les principes vivent encore, et ce sont les principes que Mme. de Staël veut justifier et que j'ai dû combattre.

Je les combats, qu'il me soit permis de le dire une fois, avec plus de connoissance des hommes et des choses que Mme. de Staël, et avec une habitude des discussions politiques qu'elle n'a pu ni dû acquérir. Je l'aurois véritablement regrettée si elle en eût su autant que moi sur la révolution. Mieux que moi, peut-être, elle en a connu les intrigues, que les femmes, avides de confidences et de secrets, prennent volontiers pour des événemens.

A qui cependant, ou à quoi peut servir l'écrit politique de Mme. de Staël? il n'ajoute certainement rien à la réputation d'esprit dont l'auteur jouit à si juste titre; et il y a même, ce me semble, moins d'éclat de style que dans ses autres ouvrages; et peut-être, par l'exagération de ses idées libérales, l'amertume de ses censures, l'injustice de ses jugemens, la disposition à renverser ce qui chancelle, ou à frapper ce qui est abattu, laissera-t-il une idée moins favorable de la rectitude d'esprit ou de la bonté de caractère qu'on aimoit à retrouver dans cette femme si spirituelle. Elle avoit paru, dans ses conversations, moins emportée sur les choses, plus indulgente envers les personnes; et elle eût mieux fait, je crois, pour sa mémoire

et pour notre repos, de conserver à son écrit
le caractère de ses conversations ; ou, s'il n'étoit
qu'une bienséance commandée par les égards
dus à la société au milieu de laquelle elle vi-
voit, et où elle répandoit tant d'agrémens,
d'emporter son secret avec elle, et de ne pas
le confier à une œuvre posthume qui ne com-
posera jamais la bibliothèque d'un homme
d'État, pas plus que ses autres ouvrages celle
d'un homme de goût.

Les *Considérations* de Mme. de Staël ne seront pas utiles à la mémoire de M. Necker, et
ne le justifient qu'auprès de ceux qui ne l'accu-
sent pas. Si l'assemblée nationale a produit
l'assemblée législative, si celle-ci engendra la
Convention, et si la Convention a fait tout ce
que nous avons vu, M. Necker, qui, en confondant ensemble les trois anciens ordres de la
nation, a changé les Etats-généraux en assemblée nationale, se trouve malheureusement à la
tête de cette triste généalogie. Ses intentions
étoient droites, je le crois sincèrement : mais
après ce qu'avoit dit son compatriote J.-J. Rousseau, du danger de remuer les *grandes masses*
qui composoient la constitution françoise, n'y
avoit-il pas plus que de la témérité à les renverser,

verser, pour ne pouvoir mettre à leur place qu'une imitation trop imparfaite d'institutions étrangères produites pour un autre peuple, par une combinaison toute différente d'événemens? car le gouvernement anglois, toujours en guerre d'invasion avec la France, ne pouvoit la soutenir qu'en obtenant des subsides qu'il n'auroit pas osé exiger; et là se trouve la raison de sa constitution comme le principe de toutes ses révolutions.

En vain, pour justifier l'inconcevable hardiesse de M. Necker, sa fille affirme aujourd'hui que la révolution étoit inévitable, parce que le peuple françois étoit le peuple de l'Europe le plus malheureux et le plus opprimé, et que c'est même à cet état de souffrance qu'il faut attribuer tous les excès de la révolution. Ce motif trouvé après coup, et dont elle fait ressource, est démenti par tous les souvenirs, et, j'ose le dire, par l'opinion de toute l'Europe, la douceur reconnue de nos mœurs, la perfection de nos lois. Le peuple françois étoit même plus heureux dans les années qui précédèrent la révolution qu'il ne l'avoit jamais été, puisque les seules lois dont quelques portions de François pussent se plaindre, telles que la servitude de la

glèbe, les droits de main-morte, ou les ordon-
nances contre les protestans, avoient été abolies
parLoui s XVI.

Osons le dire avec Mme. de Staël : M. Necker,
qui, selon sa fille, prévoit tant de choses, n'a-
voit pas prévu la révolution en la commen-
çant : « Il ne supposoit pas, dit Mme. de Staël,
» la possibilité des proscriptions ». Pilote inex-
périmenté, il mettoit en mer sans supposer la
possibilité de la tempête.

Je ne connois pas, je l'avoue, ce qu'on appelle les excès de la révolution. Tous les crimes qu'elle a produits n'en ont été que les
conséquences naturelles et prévues par les bons
esprits, pour horribles qu'elles aient été. Il est
tout-à-fait naturel de chasser ou de détruire
ceux qu'on a dépouillés, de les haïr et de les
calomnier après les avoir proscrits. Il est naturel que le pouvoir, jeté au peuple comme
une largesse, ait été ravi par les plus auda-
cieux, et qu'enivrés de leur nouvelle fortune,
des hommes, élevés des derniers rangs au faîte
du pouvoir, n'aient gardé aucune modération
dans son exercice. Il est naturel qu'après avoir
détruit la royauté, on n'ait plus voulu de roi,
et qu'après avoir outragé le Roi, on ait craint

de laisser vivre celui qu'on avoit outragé (1).
C'étoient sans doute des excès en morale ; mais
ce n'étoient pas des excès en révolution : c'é-
toient des accidens, comme les convulsions et
le délire sont des accidens dans quelques maladies, et non des excès.

Ces conséquences étoient, je le répète, inévitables, parce qu'elles étoient naturelles, et
que l'arbre portoit son fruit. Ces conséquences
se seroient développées tôt ou tard ; elles se dé-
velopperoient encore aujourd'hui ; et seulement il y auroit plus d'art dans la violence,
plus de méthode dans la destruction ; il se feroit autant de mal, et il seroit seulement plus
irrémédiable. *Nec verò unquam bellorum ci-
vilium semen et causa deerit, dum homines per-
diti hastam* (2) *illam cruentam et meminerint et*

---

(1) Carnot l'a dit dans son fameux *Mémoire :*
« Louis XVI détrôné ne pouvoit plus vivre. Nous l'a-
» vons condamné, comme un médecin condamne un
» malade qu'il désespère de sauver ».

(2) Des journaux ont traduit *hasta* par arme offen-
sive. Il signifie *vente aux enchères*, et je me crois obligé
d'en avertir, parce qu'il est facile de s'apercevoir qu'il
y a moins de connoissance de la langue latine, depuis le
progrès des lumières et l'esprit du siècle.

sperabunt. Cicéron. « La cause et le germe
» des troubles civils subsisteront tant que des
» misérables regretteront et attendront de san-
» glantes confiscations ».

Si ces conséquences se sont développées
chez nous plutôt qu'elles n'auroient peut-être
fait chez d'autres peuples, c'est que le François a l'esprit plus pénétrant, le jugement plus
prompt, les passions plus vives, et que, une
fois hors de sa route, il court plus vite pour y
revenir. Des hommes, comme il en est tant,
avec de l'esprit sans connoissances, des vertus sans jugement, des intentions droites sans
défiance, hors d'état de prévoir le mal parce
qu'ils sont incapables de le faire, posent un
principe qui leur paroît une vérité démontrée,
et ils gémissent ensuite des conséquences qu'on
en a tirées, et du mal qu'il a produit. Ce sont
des enfans qui pressent la détente d'une arme
à feu, et sont tout effrayés de voir partir le
coup. L'enfant ne savoit pas que l'arme étoit
chargée, et les hommes dont je parle ne se dou-
tèrent pas non plus que la société étoit chargée de passions qui n'attendent qu'une étincelle
pour faire explosion : et j'ose dire qu'il n'y a
pas un principe politique posé en 1789, dont

une dialectique rigoureuse ne fit sortir toute la révolution.

Quand elle est faite, cette révolution, le devoir de tous est d'en supporter les effets avec courage et patience ; et le devoir des gouvernemens d'en adoucir, d'en corriger les résultats, autant qu'ils peuvent l'être. Mais la justifier, mais rejeter sur ceux qui ont souffert les torts de ceux qui ont fait souffrir, mais réveiller les plus douloureux souvenirs, et rallumer des haines mal éteintes, c'est en vérité un triste retour pour l'accueil que Mme. de Staël a reçu de la part des François, pour les honneurs dont sa famille a été comblée, pour la générosité dont le gouvernement a usé envers elle, dans un temps où il ne lui est pas même permis d'être juste.

Le public peut prononcer entre Mme. de Staël et moi. Je n'ai pas prétendu disputer d'esprit avec cette femme célèbre : mais ses écrits ne sont en général que ses conversations, et comme ils en ont tout le brillant, ils en ont aussi toute la précipitation. Ce n'est pas dans les cercles où l'esprit seul fait tous les frais, d'où la réflexion est bannie, et où la raison risque de passer pour de la pédanterie,

qu'on peut discuter et approfondir les graves
questions que Mme. de Staël a réunies dans son
ouvrage, plutôt qu'elle ne les a traitées. Il est
vrai qu'elle n'a pas prétendu, sans doute,
proposer comme œuvre de législation ce qui
n'est qu'un *factum* pour un particulier. Mais
ce client étoit son père, et Mme. de Staël a pu
croire qu'un intérêt aussi cher permettoit
tout à son défenseur, surtout quand ce défenseur est une femme, à qui il est naturel de placer les devoirs ou les liens domestiques avant
les intérêts publics et les intérêts d'un pays
qui n'est pas le sien. Elle a donc imaginé une
société pour justifier une révolution, et elle
ne cesse d'accuser ses adversaires, ou plutôt
les adversaires de ses systèmes, d'égoïsme, de
cupidité, d'ambition, de mauvaise foi. Elle
ne peut pas croire qu'on puisse être d'un avis
différent du sien, et de celui de son père ou
de ses amis, sans être guidé par les motifs les
plus vils et les plus coupables, ni écrire sur
la politique, *sans vouloir être ministre;* et elle
réduit ainsi à se défendre eux-mêmes, ceux
qui ne voudroient défendre que la raison, la
justice, la vérité, leur pays et ses lois. Elle
s'arme contre eux de leurs propres malheurs,

et ne voit, dans les opinions les plus franches et les plus sincères, que l'expression de la vengeance pour le mal qu'on leur a fait, ou du regret pour ce qu'ils ont perdu. Mais, avec plus de connoissance du cœur humain, Mme. de Staël sauroit que le regret de ce qu'on a perdu excite des passions bien moins vives que la crainte de perdre ce qu'on possède; et qu'on tient bien plus fortement à ce qu'on a qu'à ce qu'on n'a plus. Grâce à la frivolité de notre nation, rien ne s'use plus vite que la douleur, rien n'aigrit et n'exaspère comme la crainte; et tout ce qui a été dit des regrets de ceux qui sont déchus, on pourroit le dire avec bien plus de fondement des inquiétudes et des alarmes de ceux qui se sont élevés.

Avec plus de connoissance du cœur humain, Mme. de Staël sauroit que l'ambition est bien plus opiniâtre, plus haletante dans les rangs inférieurs que dans les premiers rangs, qui, ayant vu les honneurs de plus près, connoissent les dégoûts qui les accompagnent et les mécomptes qu'on y trouve, et qui déjà, dès le temps qui précéda la révolution, n'aspiroient que trop à descendre, pour goûter les jouissances et les douceurs de la vie privée.

D'ailleurs, dans le nombre de ceux qui ont défendu ou défendent encore une cause trop abandonnée, il y a des hommes qui n'ont à regretter ni noms historiques, ni honneurs, ni grande fortune, et qui, satisfaits de leur obscurité, n'auroient, sans la révolution, jamais quitté leur province, inconnus à leurs maîtres qu'ils ont toujours servis, et à qui ils n'auroient rien demandé; et cependant, quand ils mériteroient l'éloge ou le reproche de n'être pas assez flexibles sur les principes, ils sont tolérans pour les personnes, plus même que Mme. de Staël, moins indulgente pour ceux qui ont supporté la révolution, qu'ils ne le sont eux-mêmes pour ceux qui l'ont faite. Ils seroient moins rigoureux que Mme. de Staël, pour un grand nombre d'hommes qui ont failli, même aux cent jours, et qui, jusque-là, citoyens vertueux et utiles, ont été surpris par le prodige du retour et le prestige de la gloire, comme un homme naturellement sobre l'est quelquefois par le vin. Il leur sied aussi d'être indulgens, parce qu'ils ont été fidèles, parce qu'ils ne se sont jamais plaint de leur exil; parce qu'ils ont, plus que bien d'autres, et au milieu de toutes les privations et de tous les besoins, repoussé les séductions ou bravé les menaces de l'homme qui a séduit tous les peuples et fait trembler les rois, et qui ne dédaignoit pas d'associer à sa cause les plus petits talens et les influences les plus inaperçues ; il leur sied de recommander l'oubli ou plutôt le pardon des injures, lorsqu'ils n'ont jamais éprouvé des sentimens de vengeance, et que, tout-à-fait désintéressés sur ce qu'ils ont perdu, ils ne regrettent que ce que tout le monde a perdu, la paix, la religion, la sécurité, l'ordre enfin, et l'union des esprits et des cœurs.

Mme. de Staël n'a vu que d'un balcon le sanglant spectacle de la révolution. Respectée comme femme, comme étrangère, comme épouse d'un ambassadeur, même comme fille de M. Necker, que la révolution a toujours secrètement ménagé, assez heureuse même pour pouvoir se compromettre pour sauver ses amis, elle n'a souffert de malheur personnel qu'un exil dans sa patrie, sur ses terres, au milieu de sa famille, dans la jouissance d'une grande fortune ; et ce malheur, que tant d'autres auroient regardé comme le comble de la félicité, elle y a été extrêmement sensible ; et cette

France, autrefois si malheureuse et alors si troublée, a toujours été l'objet de ses plus vifs regrets. Elle a tout conservé ou tout recouvré; elle n'a perdu, dans ces horribles boucheries, aucun des objets de ses plus chères affections; et il y auroit eu à elle plus de générosité à respecter de nobles infortunes qui ne l'ont point atteinte, et plus de justice à reconnoitre des vertus dont elle auroit certainement donné l'exemple, mais dont heureusement pour elle elle n'a pas eu besoin.

Je n'ai pas justifié l'émigration. Elle est assez justifiée par le mal qu'on en dit.

J'ai cherché à justifier l'ancien gouvernement, sans m'écarter du respect qui est dû aux nouvelles institutions. Ce respect, qui consiste à leur obéir, se concilie avec le droit imprescriptible si formellement consacré par ces institutions elles-mêmes, de chercher la vérité sans aigreur, contre les opinions opposées, quand elles sont présentées sans passion, et avec cette modération qui est la compagne inséparable de la bonne foi. La source de tous nos maux, même politiques, est l'ignorance, et plus encore les demi-lumières, qui se reconnoissent à leur violence et à leur présomption. La méprise où

l'on est constamment tombé depuis l'origine de
nos dissentions, a été d'attribuer aux hommes la
résistance qui venoit des choses , et de croire
qu'il suffisoit de détruire les opposans pour
faire cesser l'opposition : erreur fatale , et dont
on ne revient jamais tant qu'il reste un **homme**
à haïr et un adversaire à combattre.

FIN.